LES FONDS SOCIAUX:
RÉFLEXIONS ET
PERSPECTIVES NOUVELLES

Philippe Garnier

Marc van Imschoot

BIT

titre - Genève, Bureau international du Travail, 2002

ISBN 92-2-213511-3

Première édition en 2003

PRÉFACE

Avec les années, l'intérêt du BIT pour les Fonds sociaux n'a cessé de grandir. Cela est lié à la diversité des objectifs qui, selon les circonstances, peuvent être assignés à ces institutions originales: atténuer les effets négatifs des politiques d'ajustement structurel, lutter contre la pauvreté, créer des emplois, ou encore être un instrument de promotion des femmes.

Il n'est donc pas surprenant qu'en 1992 le BIT ait déjà été étroitement associé à la création du Fonds d'investissement pour le développement (FID) à Madagascar. On retrouve d'ailleurs beaucoup des principaux traits de ce Fonds dans plusieurs entités qui ont vu le jour depuis, tels que le PNAS au Rwanda ou le SFD au Yémen. Plus récemment, en 1996-1997, le BIT a lancé un programme d' étude sur la promotion de l'emploi des femmes et leur participation aux Fonds sociaux. De même, en 1999, le BIT a réalisé une évaluation régionalisée des Fonds sociaux existants en Amérique latine, en Afrique (AGETIP) et en Europe Centrale (et CEI). Ce travail s'est révélé fort utile à la rédaction de cette étude qui comporte deux objectifs principaux:

■ mener une réflexion indépendante sur l'apport réel des Fonds sociaux dans plusieurs domaines de prédilection du BIT, comme: la création d'emplois et de revenus; le développement des petites entreprises locales de construction; les opérations de micro-financement ou la participation féminine ;

■ évaluer les domaines d'action où l'expérience du BIT pourrait être mieux mise à profit en vue de renforcer l'efficacité des Fonds, par exemple: l'implication étroite des communautés locales par une formation et des systèmes contractuels adaptés; et, la formation des PME et bureaux d'études à la mise en œuvre de projets plus fortement créateurs d'emplois.

Ce document considère que l'expérience des Fonds sociaux et des AGETIP doit être poursuivie et amplifiée. Malgré certaines déficiences, notamment en matière de création d'emplois, les Fonds sociaux ont démontré qu'ils pouvaient gérer avec un certain succés des financements importants dont une grande partie provient de l'aide internationale. De plus en plus, ils s'attachent aussi à mieux cibler les groupes les plus à risques.

La conclusion de l'étude insiste pour que l'expérience des Fonds sociaux soit poursuivie et amplifiée car leur vocation première est bien d'être des centres de gestion d'investissements pour le développement économique et social à long terme. Elle suggère aussi que le BIT soit plus systématiquement impliqué dans la conception et le suivi de ce type d'institutions afin d'en renforcer l'impact sur l'emploi, en priorité.

L'étude préconise aussi que les Fonds sociaux, en fonction de circonstances conjoncturelles, soient capables de prendre en charge:

- la réduction et la prévention durables des risques auxquels sont exposées les populations les plus pauvres;
- la gestion des programmes d'allègement de la dette (initiative PPTE); et,
- l'insertion dans leurs activités des programmes spéciaux et additionnels qui doivent être mis en place rapidement et efficacement s'ils veulent répondre aux situations de crise économique, aux conséquences des conflits ou à celles des catastrophes naturelles.

Je remercie Philippe Garnier, fonctionnaire du Bureau international du Travail, et Marc van Imschoot, consultant du BIT, pour avoir mené à bien ce travail. Il vient à un moment important dans la mesure où certaines des institutions analysées semblent renoncer de plus en plus à l'objectif emploi, alors que celui-ci était à l'origine même de leur création. Il suffit de se référer pour cela au cas explicite des AGETIP. Cette étude contribuera ainsi utilement au débat sur les objectifs et les orientations futurs de ces outils de développement que sont les Fonds sociaux et les autres institutions de ce type.

Jean Majeres
Chef, Service des investissements
à forte intensité d'emplois

REMERCIEMENTS

Les auteurs tiennent à remercier plus particulièrement Eddy Bynens qui a apporté à cette étude son expertise des AGETIP. Notre reconnaissance va également à Yves D'Hont. La pertinence de ses remarques a été déterminante pour la cohérence du document. C'est aussi avec gratitude que nous tenons à mentionner les informations fournies par Angelo Baglio et Koen Delanghe pour le compte de l'Union Européenne. Nous sommes, bien sûr, très redevables à Piet Goovaerts et Gabriel Siri dont la connaissance des Fonds sociaux, respectivement dans les pays d'Europe Centrale et de la CEI et en Amérique latine a été très appréciée. Le secrétariat efficace de Christine Mounier mérite aussi d'être souligné. Ce témoignage serait incomplet s'il n'associait pas Riswanul Islam, Jean Majeres et Eric de Vries dont les encouragements et les conseils ont éclairé cette entreprise. A tous, nous exprimons nos sincères remerciements.

TABLE DES MATIÈRES

Préface ———————————————————————— 3

Remerciements ————————————————————— 5

Introduction —————————————————————— 11

Chapitre I.   DES INSTITUTIONS AUTONOMES ———— 19
                ORIGINALES

I.1   Les différents types de Fonds sociaux et l'évolution de ———— 19
       leurs objectifs

I.2   Le cadre institutionnel, législatif et organisationnel ————— 23

I.3   Les fonctions principales ———————————————— 27

I.4   Les ressources et les mécanismes de financement ———— 29

Chapitre II.   DES PROCÉDURES ET UNE GESTION —— 33
                 TRANSPARENTES

II.1   Critères d'éligibilité et sélection des projets ——————— 33

II.1.1 Les infrastructures de base ———————————————— 34

II.1.2 Les projets générateurs de revenus et les activités de micro-financement —— 37

II.1.3 Les activités de développement des capacités locales ——————— 38

II.2   Réalisation et contrôle des projets ————————————— 40

II.2.1 Les infrastructures de base ———————————————— 40

II.2.2 Les projets générateurs de revenus et les activités de micro-financement —— 42

II.2.3 Les activités de développement des capacités locales ——————— 43

II.3   Gestion financière et comptable —————————————— 43

II.4   Transparence des procédures ——————————————— 46

Chapitre III.   DES ACTIVITÉS DIVERSES ET DES —— 49
                  RÉSULTATS CONTRASTÉS

III.1 Les groupes visés: action sur la pauvreté —————————— 49

III.2 La création d'emplois et de revenus——————————————— 54

III.3   Les retombées sur la situation des femmes ———— 60

III.4   Les opérations de micro-financement———— 64

III.5   Le developpement des entreprises locales de construction—— 68

Chapitre IV.   DES BÉNÉFICIAIRES DE PLUS EN ———— 75
              PLUS SOLLICITÉS

IV.1   La participation communautaire ———— 75

IV.2   La prise en compte de la décentralisation administrative ———— 80

IV.3   La pérennité des actions entreprises ———— 84

Chapitre V.   DIMENSION DES FONDS SOCIAUX ET ———— 89
              ÉVALUATION DE L'IMPACT

V.1   La portée macro-économique des Fonds sociaux ———— 89

V.2   Les effets induits ———— 93

V.3   L'évaluation des Fonds et des projets ———— 95

Chapitre VI.   DES DOMAINES D'ACTION À ———— 99
              RENFORCER EN PRIORITÉ

VI.1   Mieux planifier les besoins des communautés locales ———— 99

VI.2   Augmenter la part des projets productifs et la création ———— 102
       d'emploi

VI.3   Mieux former les PME et les bureaux d'études ———— 107

VI.4   Encourager le développement des systèmes de micro- ———— 110
       financement

VI.5   Partage des responsabilités, décentralisation et gestion ———— 111
       communautaire

Chapitre VII.   CONCLUSIONS ———— 117

VII.1   Appréciation d'ensemble ———— 117

VII.2   Apports du BIT ———— 120

VII.3   Avenir des Fonds sociaux ———— 122

Bibliographie ———— 125

Photographies de projets ———— 129

Tableaux

Tableau 1: Aperçu chiffré des Fonds sociaux dans le monde ———— 14
de 1986 à l'an 2000

Tableau 2: Principales caractéristiques des Fonds sociaux ——— 15
appuyés par l'Union Européenne en Afrique du
Nord et au Moyen-Orient

Tableau 3: Répartition et évolution de l'extrême pauvreté dans ——— 17
les pays en développement et les économies en
transition (en millions d'individus)

Tableau 4: Organigramme-type d'un Fonds social ——————— 26

Tableau 5: Contribution des bénéficiaires au coût des ——— 79
projets dans quelques Fonds sociaux en Afrique

Tableau 6: Fonds sociaux et décentralisation ————————— 83

Tableau 7: Comparaison des coûts unitaires pour la ——— 96
construction d'écoles primaires au Yémen

Tableau 8: Impact d'un échantillon de Fonds sociaux sur——— 98
l'accés à l'eau

Tableau 9: Distribution des rôles et des responsabilités———113
entre les différents acteurs pour les travaux de
petite et de grande envergure

Encadrés

Encadré 1: Principaux éléments du Manuel de procédures ——— 33
du Fonds social pour le développement du
Yémen: infrastructures de base et activités de
formation (volume I)

Encadré 2: Principaux éléments du Manuel de procédures ——— 37
du Fonds social pour le développement du
Yémen: activités génératrices de revenus et
opérations de micro-financement (volume II)

Encadré 3: Les délais de paiement de NIGETIP ——————— 46

Encadré 4: Ciblage des populations pauvres dans quelques ———— 51
Fonds sociaux

Encadré 5: Aperçu des principales composantes de la——— 55
création d'emploi dans les petits projets
d'infrastructure

Encadré 6: Indicateurs de création d'emploi dans le FID II ——— 57
à Madagascar et le PNAS au Rwanda

Encadré 7: La création d'emploi dans l'agence NIGETIP ———— 58

Encadré 8: Travaux d'aménagement urbain réservés aux ——— 63
femmes les plus démunies à Madagascar

Encadré 9: Comment le PNAS au Rwanda a su stimuler——— 71
l'émergence et le développement de petites
entreprises de construction après le conflit de
1994

Encadré 10: Fonction des Comités de projet dans le Fonds ——— 78
d'action sociale du Malawi (MASAF)

Encadré 11: Dimension du FISE au Nicaragua et——— 93
principales caractéristiques

Encadré 12: Projet PNUD/BIT de Planification intégrée de——— 103
l'accès aux services et infrastructures de base
au Laos

Encadré 13: Respect des Conventions de base de l'OIT sur——— 109
les conditions de travail

INTRODUCTION

L'origine des Fonds sociaux est intimement liée à la crise économique des années 80 qui a considérablement freiné les progrès réalisés pour combattre la pauvreté dans la plupart des économies en développement. Ces dernières ont enregistré alors des déséquilibres macro-économiques majeurs, les contraignant à négocier des programmes d'ajustement structurel avec les institutions financières internationales. Dans leur conception initiale, ces politiques d'ajustement structurel devaient, à court terme, jeter les bases d'une nouvelle croissance économique, en adoptant un programme de stabilisation économique, suivi d'une phase de restructuration. En pratique, les pays en développement se sont trouvés confrontés à de longues périodes de stagnation économique souvent occasionnées par la chute du prix des matières premières, par des conflits politiques ou par des catastrophes naturelles. Ces difficultés ont été amplifiées par la rigueur des politiques d'ajustement. Cela n'a fait qu'aggraver une situation sociale déjà très précaire dans la plupart de ces pays (Egger et al, 1992). C'est dans ce contexte qu'est apparue, au milieu des années 80, la notion de coût social de l'ajustement structurel qui conjugue les conséquences sociales des mesures de restructuration et celles antérieures à l'ajustement. En 1987, des études sur l'ajustement à visage humain réalisées par l'UNICEF (Cornia et al) ainsi que la Réunion de haut niveau du BIT sur l'emploi et les adaptations structurelles avaient déjà utilement contribué à cette prise de conscience.

A ce moment-là, le défi était d'imaginer des mesures et des moyens susceptibles de réduire les coûts sociaux de la phase transitoire de stabilisation et de restructuration économique dans un contexte de croissance faible et de ressources rares. Il s'agissait de trouver un équilibre qui ne remette pas en cause les fondements mêmes des politiques d'ajustement, en d'autres mots de réaliser la quadrature du cercle. D'ailleurs, la logique d'un ajustement structurel fondé sur une compression de la demande dans des pays exsangues, le plus souvent

12

marqués par un niveau de production insuffisant, n'a cessé d'être contestée depuis. La Banque mondiale a alors considéré que la création de Fonds sociaux, gérés de façon autonome, constituait une réponse adaptée à la double exigence du maintien de l'ajustement macro-économique et d'une atténuation de ses coûts sociaux. On sait que ces politiques de compensation sociale sont toutes fondées sur un ensemble de mesures de transferts sociaux (subventions alimentaires, allocations familiales) et de soutien direct ou indirect à l'emploi (activités génératrices de revenus, micro-financement, programmes de travaux à haute intensité d'emploi, promotion de l'entreprise privée).

Depuis le lancement du premier[1] Fonds social en Bolivie en 1986, ces institutions se sont multipliées. Cela a permis de créer des infrastructures de base, de développer des activités génératrices de revenus et de permettre aux populations démunies d'accéder aux services sociaux. Leur intention première a bien été de répondre aux critiques accrues sur les effets de ces programmes d'ajustement structurel sur les groupes vulnérables. Sans nul doute, ces Fonds sociaux, dits de première génération, ont-ils constitué une alternative attrayante, à court et moyen terme, dans la mesure où ils créaient un filet de protection sociale pour ceux qui étaient particulièrement affectés par la mise en oeuvre des réformes économiques. Mais ces Fonds ont rapidement apporté la preuve de leur capacité d'adaptation en se transformant progressivement en instruments de la politique sociale des Etats. Ils ont été introduits dans une variété de situations et de pays aux antécédents socio-économiques très divers. Selon les cas, ils privilégient un ou plusieurs des quatre grands thèmes suivants (Berar-Awad, 1997): a) atténuer les effets négatifs à court terme des programmes de réforme économique; b) faire accepter politiquement et socialement les programmes d'ajustement; c) trouver des solutions durables au chômage et à la pauvreté; et, d) devenir des entités autonomes aptes à compléter les interventions à caractère social de l'Etat au niveau des administrations et des communautés locales. Cela explique la variété des

---

1 En fait, plusieurs pays avaient déjà eu recours à des initiatives de ce type sans faire appel à des concours extérieurs. Les exemples les plus connus sont le Chili, le Costa Rica, le Ghana et l'Etat du Maharashtra en Inde qui, dès le milieu des années soixante-dix, avaient lancé des programmes de compensation ou d'emploi d'urgence où l'on retrouve certains traits des Fonds sociaux. Voir aussi Stewart F. et van der Geest W.,(1994), Adjustment and Social Funds: Political Panacea or Effective Poverty Reduction ? BIT, Employment Papers, No. 2, 39 P.

terminologies sous lesquelles se cachent les Fonds sociaux, souvent connus sous les vocables de Programme d'action sociale, Fonds de développement social, Fonds d'investissement pour l'emploi et le développement social, Fonds d'urgence et les Agences d'exécution de travaux d'intérêt public (AGETIP).

Entre 1986 et 2001, la Banque mondiale a approuvé autour de cent Fonds sociaux ou institutions assimilées dont une quinzaine d'AGETIP en Afrique. En l'an 2001, on estimait à 8,5 milliards de dollars les ressources financières diverses déjà affectées à ces Fonds. Les prêts concessionnaires consentis par la Banque mondiale représentent 45 pour cent de ce montant contre plus de 20 pour cent financés par les pays bénéficiaires eux-mêmes, surtout en Amérique latine. Le reste, soit 35 pour cent provient essentiellement des prêts ou dons de l'Union Européenne, de la Banque inter-américaine de développement, du Fonds Arabe et d'autres bailleurs de fonds tels que le KFW, l'AFD, les Pays-bas, le Japon et l'USAID. Comme le montre le tableau 1, d'abord lancés en Amérique latine, les Fonds sociaux ont essaimé en Afrique dans les années 90 et depuis 1995 surtout, en Europe Centrale et dans les pays de la CEI ainsi qu'au Moyen-Orient (Yémen, 1997 et Liban, 2001). Toutefois, les expériences qui commencent à se développer en Asie sont encore trop récentes et n'ont pas été prises en compte dans cette étude. Le tableau 2 décrit brièvement les Fonds sociaux dans lesquels l'Union Européenne joue un rôle prédominant.

Les Fonds sociaux n'ont cessé d'évoluer au cours des quinze dernières années jusqu'à devenir des entités quasi-permanentes, ou vues comme telles en pratique, destinées à s'attaquer en priorité aux fondements structurels de la pauvreté.

Cela explique que les objectifs de ces institutions se soient élargis au développement d'un ensemble d'activités complémentaires capable d'agir sur les causes de la pauvreté. Comment donner un contenu plus concret aux politiques sociales des Etats, le plus souvent impuissants à réduire les manifestations de la pauvreté? Et de quels effets sont suivies les déclarations et actions en tout genre de la communauté internationale qui ne cesse de fustiger ce fléau? Il est tout de même choquant que le nombre de ceux qui survivent dans le plus absolu dénuement ne fasse qu'augmenter en chiffres absolus. Bien que les résultats atteints ces

Tableau 1: Aperçu chiffré des Fonds sociaux dans le monde de 1986 à l'an 2000.
(financements en millions de dollars des Etats-Unis)

	Amérique Centrale, du Sud et Caraïbes	Afrique et Moyen-Orient	AGETIP Afrique	Europe Centrale et pays de la CEI	Asie	Total
Nombre de Fonds sociaux (dont AGETIP)	13	23	(15)	11	8	70
Date de lancement initiale	1986	1989	1989	1993	1991	
Durée d'existence moyenne	7,2	4,8	7	2,9	2,4	
Objectif 1: Protection sociale en période d'ajustement structurel	10	9	0	4	1	24
Objectif 2: Solution durable au chômage et à la pauvreté	9	21	9	11	7	57
Objectif 3: Entité autonome, relais de la politique sociale	11	9	0	4	1	25
Autres objectifs: - renforcement des capacités locales - réhab/construction d'infrastructures	10	20	15	6	3	54
Prêts de la Banque mondiale	1,243	1,377	412	196	548	3,776
Dons et prêts d'autres bailleurs de fonds (dont l'UE)	985	1,518 (462,2)	246 (26,4)	52	128	2,929
Financements sur ressources locales	980	553	128	32	78	1,771
Total des financements reçus	3,208	3,448	786	280	754	8,476

Sources: Estimations établies à partir de documents et bases de données de la Banque mondiale (Département de la protection sociale), des AGETIP et de l'Union Européenne (montant des dons)

Tableau 2: Principales caractéristiques des Fonds sociaux appuyés par l'Union Européenne en Afrique du Nord et au Moyen-Orient				
	Egypte : Fonds social pour le Développement	Yémen : Fonds social pour le Développement	Liban : Fonds de développement économique et social (FDES)	Jordanie : Projet de développement social
Année de lancement	Phase I: 1993 Phase II : à partir de 1998 pour 5 ans	Assistance de l'UE à partir d'avril 2000 (accord signé en 1998)	2001	Assistance de l'UE depuis 1995
Nombre d'années d'existence	Etabli en 1991 Assistance de l'UE à partir de 1993	Etabli en 1997	Mis en œuvre en 2002	11 années d'existence (établi en nov. 1989) mais opérationnel depuis 1993
Objectif : Protection sociale en période d'ajustement structurel	Principal objectif de la Phase I (1993-1997)	Sert de justification au Fonds	La limitation des conséquences sociales de la transition	Etabli avec cet objectif en particulier
Objectif : Solutions durables au chômage et pauvreté	Orientation principale de la Phase II (1998-2002)	Spécifiquement compris dans les objectifs	La viabilité du Fonds est recherchée	Perspective à moyen terme et mandat pour combattre la pauvreté et le chômage
Objectif : Entités autonomes, relais de la politique sociale	Statut autonome depuis le début. Evolution vers institutions permanente pour développement social	Le Fonds est une Agence autonome mais pas d'indication sur son caractère permanent ou son rôle de point focal pour la politique sociale	Le FDES est conçu comme une institution permanente et aura un rôle particulier dans la politique de dév. social. Il doit répondre aussi aux besoins du Sud Liban	L'objectif du Fonds est de jouer un rôle coordonnateur dans le domaine du développement de la petite entreprise en Jordanie
Montants des prêts de la BM en millions de $	Phase I : 154 Phase II : 132	30	--	--
Donations de l'Union Européenne (en millions de $)	Phase I : 230 Phase II : 190	15	23	4,21
Autres donations (en millions de $)	Phase I : 230 Phase II : 190	15	23	4,21

Source: Union Européenne, 2001

cinquante dernières années en terme de lutte contre la pauvreté aient été impressionnants (Watt, 2000), leur portée reste limitée compte tenu de la croissance démographique. Dans une déclaration faite en juin 2000[2], J. D. Wolfensohn, Président de la Banque mondiale, estimait que la moitié des six milliards d'habitants de la planète vivait avec moins de trois dollars par jour et 1,2 milliard avec moins d'un dollar par jour. Dans l'ensemble du monde en développement, 30 pour cent des adultes sont analphabètes, 30 pour cent sont privés d'accès à l'eau potable et 60 pour cent d'accès sanitaires (BIT, 2000).

Chaque semaine, environ 250.000 enfants de moins de cinq ans meurent de maladies que l'on sait pourtant guérir dans ces pays. En chiffres absolus, le tableau 3 montre que l'extrême pauvreté, c'est-à-dire celle qui touche les individus qui disposent de moins d'un dollar pour subvenir à leurs besoins quotidiens, a continué à progresser entre 1987 et 1998, à l'exception de l'Asie de l'Est - surtout du fait de la Chine - mais aussi du Moyen-Orient et de l'Afrique du Nord. Si l'augmentation est sensible partout, elle est carrément catastrophique en Afrique Sub-Saharienne où, en chiffres absolus, elle a augmenté de 34 pour cent au cours de la période considérée.

Cela signifie qu'en Afrique, deux tiers des habitants vivent dans le plus complet dénuement. Si, comme on l'estime, la population mondiale va croître encore de deux milliards au cours des vingt-cinq années à venir, dont 97 pour cent du seul fait des pays en développement, il est permis d'être inquiet. En effet, ce sont ces mêmes pays qui souffrent déjà le plus de la pauvreté et de l'exclusion sociale.

L'objectif de cette analyse est d'examiner si, dans la perspective du mandat de justice sociale de l'OIT, les Fonds sociaux sont en mesure de faciliter de manière significative l'insertion sociale durable des populations démunies. Les Fonds ont-ils la dimension suffisante, la capacité et les moyens d'avoir un impact? En d'autres termes, convient-il de favoriser le développement de ces entités et si oui, dans quelle direction? La grande majorité des analyses effectuées ces dernières années, qu'il s'agisse de la Banque mondiale, du PNUD ou de la Banque inter-américaine de développement ont conclu à l'efficacité globale des

---

2 Deuxième Conférence internationale sur les Fonds sociaux, Banque Mondiale, Washington, 5-8 juin 2000.

Tableau 3: Répartition et évolution de l'extrême pauvreté dans les pays en développement et les économies en transition (en millions d'individus)		
Pays en développement et économies en transition	Individus disposant de moins d'1 dollar par jour	
	1987	1998
Asie de l'Est et du Pacifique	417,5	278,3
En excluant la Chine	114,1	65,1
Europe Centrale et de l'Est et Asie Centrale	1,1	24,0
Amérique latine et Caraïbes	63,7	78,2
Moyen-Orient et Afrique du Nord	9,3	5,5
Asie du Sud	474,4	522,0
Afrique Sub-Saharienne	217,2	290,9
Total	1183,2	1198
En excluant la Chine	879,8	985,7

Source: World Development Indicators 2000, Banque mondiale, selon Chen et Ravallion

Fonds sociaux. Pourtant, le modèle qu'ils fournissent a aussi été critiqué[3]. Certains doutes ont été exprimés sur leur capacité à créer de l'emploi en nombre suffisant et à combattre la pauvreté, surtout la grande pauvreté. De même, l'impact de ces instruments sur la participation des femmes et les bénéfices qu'elles en retirent a été diversement apprécié.

Cette étude tente d'expliquer pourquoi, selon la région du monde où ils ont été mis en oeuvre, les Fonds sociaux ont eu des priorités différentes liées aux conditions socio-économiques du milieu. Par exemple, les Fonds plus récents d'Europe Centrale et des pays de la CEI semblent être ceux qui couvrent la plus grande gamme d'objectifs, de l'emploi à la lutte contre la pauvreté par le biais de la construction/réhabilitation d'infrastructures et l'accès aux services sociaux. En Afrique, les AGETIP sont plutôt axées sur la création d'infrastructures et la génération d'emploi en milieu urbain. Quant à l'Amérique latine, jusqu'à une période encore récente, la philosophie était d'abord de dédommager les groupes les plus pauvres des préjudices subis du fait des programmes d'ajustement et de stabilisation économique.

---

3 Par exemple, Tendler J., et Serrano. R. (1999), The rise of Social Funds: What are they a model of ?; ILO (1997), Social Funds Employment and Gender Dimensions, Report on the Technical Brainstorming Workshop, BIT, Genève, 29 sept. au 1er oct. 1997; et, Stewart F. et van der Geest W. (1994).

Chacun des sept chapitres que comporte ce document a été conçu de manière à dégager les grandes tendances qui caractérisent l'évolution des Fonds dans le monde, tout en tenant compte des particularités régionales, afin d'aboutir à un document de synthèse constructif. Le chapitre I s'intéresse aux caractéristiques innovantes des Fonds, tant au niveau des mécanismes de financement que de leur statut juridique et du système de fonctionnement dont ils sont dotés. Le chapitre II insiste sur les procédures de sélection des projets et les méthodes comptables exigeantes qui ont sans nul doute contribué à la réputation de transparence des Fonds. Le chapitre III dresse un bilan critique des principales activités que l'on retrouve à des degrés divers dans la plupart des Fonds telles que, entre autre, le ciblage des populations pauvres, la création d'infrastructure d'emplois et de revenus ou les effets des activités sur la situation des femmes. Il s'agit essentiellement d'un constat. Le chapitre IV s'intéresse plus particulièrement aux questions de décentralisation et de participation des bénéficiaires. La prise en charge des projets y est également abordée. Dans le chapitre V, la portée macro-économique des Fonds est discutée ainsi que la nature et les différents stades des études d'évaluation et d'impact qui en jalonnent l'existence. Les effets induits par ces institutions sont également examinés: par exemple, la possibilité que les procédures contractuelles utilisées dans les Fonds puissent servir de modèle aux administrations et aux collectivités décentralisées. Le chapitre VI procède à un examen des domaines d'action où il serait souhaitable, semble-t-il, d'agir pour améliorer l'efficacité d'ensemble de ces instruments. Ainsi, on se demandera comment les Fonds peuvent inciter à une plus grande utilisation de la main-d'œuvre et des ressources locales. Dans ce chapitre, on s'intéressera aussi aux domaines d'activités dans lesquels le BIT dispose d'un certain avantage comparatif en terme d'expertise et comment il pourrait contribuer à en développer l'efficacité dans le cadre des Fonds. Quant à la conclusion, après avoir passé en revue les principaux points forts, les faiblesses et les limites des Fonds sociaux, elle propose quelques domaines où le BIT pourrait utilement apporter son concours au développement des Fonds sociaux et des AGETIP. Elle se termine par un rapide tour d'horizon des perspectives qui s'ouvrent à ce type d'institutions pour les années à venir.

CHAPITRE 1

Des institutions autonomes originales

I.1 Les différents types de Fonds sociaux et l'évolution de leurs objectifs

Au fil des années, les Fonds sociaux et les AGETIP sont devenus des instruments puissants de politique sociale dans les pays en crise ou dans ceux qui sont confrontés à une transition économique délicate. Leur objectif principal est de faciliter la création de petits travaux d'infrastructure, de favoriser le développement d'activités génératrices de revenus et de faciliter l'accès aux services sociaux. Il s'agit de renforcer la lutte contre la pauvreté et d'améliorer les conditions de vie des groupes pauvres de la population, tant en milieu rural qu'en milieu urbain.

La Banque mondiale a joué et continue à jouer un rôle prépondérant dans la conception, la mise en place et le financement des Fonds sociaux. Ces institutions-relais canalisent les ressources financières qui leur sont affectées par l'Etat et les bailleurs de fonds selon des procédures prédéterminées. A cette fin, les FS subventionnent des projets de petite et moyenne taille, identifiés par des communautés locales ou des collectivités décentralisées. Ces projets sont réalisés par les communautés elles-mêmes, par des ONG ou par le biais des entreprises du secteur privé (PME). Il est rare que leur exécution soit prise en charge par les services publics. A la différence des projets plus classiques, dans lesquels chaque sous-projet est bien identifié et quantifié au préalable par des agences d'exécution, les projets financés par les FS ne sont pas nominativement sélectionnés en amont. Seuls les critères d'éligibilité auxquels les sous-projets doivent répondre sont spécifiés dans ce qu'il est convenu d'appeler un Manuel de procédures. De même, les Fonds sociaux se distinguent des projets classiques dans la mesure où les projets émanent surtout de requêtes formulées par la base. Ainsi les Fonds ont leurs particularités propres:

- ils sont habilités à décider du choix des investissements, c'est- à - dire qu'ils peuvent retenir (ou rejeter) les propositions de projets qui répondent à des critères spécifiques. Ceux-ci sont soumis par des organisations publiques ou privées, des ONG et des groupements communautaires;

- ils cautionnent des projets qui peuvent être réalisés par les communautés elles-mêmes dans le cadre d'un système de gestion communautaire des contrats. Ils peuvent aussi recourir à une maîtrise d'ouvrage déléguée. Dans cette deuxième approche, les Fonds sociaux agissent pour le compte des bénéficiaires. Ils confient la conception et la réalisation des projets d'infrastructures à des bureaux d'études et à des entreprises. Quant aux projets de micro-financement, ils se voient confiés à des partenaires-relais spécialisés tels qu'ONG, institutions financières mutualistes ou coopératives ;

- ils bénéficient d'avantages substantiels liés à leur statut juridique. Ainsi, disposent-ils d'une indépendance de gestion et de contrôle qu'ils sont en droit d'exercer lors du processus d'approbation des projets. De plus, ils ne sont pas tenus de se conformer à la réglementation et aux procédures contraignantes en vigueur dans le secteur public. C'est le cas de barèmes de salaires souvent peu stimulants, de procédures de passation des marchés souvent trop compliquées pour les petits contrats locaux, de décaissements assez lents, etc.

Les Agences de Travaux d'Intérêt Public (AGETIP) sont circonscrites à l'Afrique. Malgré leurs spécificités (Banque mondiale, avril 1997), ce sont bien des Fonds sociaux, à l'origine desquels on retrouve également la Banque mondiale. La majorité des AGETIP concentrent leurs projets, souvent de plus grande taille que ceux des FS, dans les villes principales des pays où ils ont été mis en place. En plus de leur capacité à programmer des investissements, ces agences ont aussi la responsabilité de réaliser des projets ayant recours au système de maîtrise d'ouvrage déléguée. Cela signifie que les AGETIP exécutent des projets pour le compte des municipalités, par exemple, jusqu'à l'achèvement et la réception définitive des travaux. Dans le cadre de la décentralisation, et parce qu'on trouve de plus en plus de Conseils municipaux élus, il y a une pression accrue sur les AGETIP pour rendre aux municipalités concernées leurs prérogatives en matière de choix des investissements. En fait, ces agences deviennent progressivement des organes de gestion de contrats qui confient la conception et la réalisation des travaux aux bureaux d'études et aux entreprises du BTP.

D'autres types de projets ont des objectifs similaires aux FS, sans pour autant bénéficier d'un statut juridique particulier ou d'une dispense d'application des règles de l'administration publique. Ni le montant de leurs investissements, ni la nature de leurs activités ne sont comparables à ceux des projets subventionnés par les Fonds sociaux. On citera les Programmes de micro-réalisations de l'Union Européenne, les Programmes de lutte contre la pauvreté du PNUD, les Programmes d'appui aux municipalités de l'Union Européenne aussi et d'autres bailleurs de fonds ainsi que les Programmes spéciaux de travaux publics (PSTP) mis en oeuvre par le BIT au cours des années 80.

La conception des FS épouse largement les conditions propres au pays d'accueil. Les objectifs poursuivis et les dispositifs opérationnels sont donc très variables. Dans les Fonds sociaux en place depuis longtemps et où plusieurs phases de financements se sont déjà succédées, on constate une évolution des objectifs. Cette évolution tient compte des expériences antérieures et des réformes institutionnelles qui ont eu lieu entre-temps. La souplesse d'adaptation des FS est un de leurs atouts majeurs.

Dans ce qu'il est convenu d'appeler la première génération des Fonds sociaux, le principal objectif de développement était d'atténuer les conséquences négatives des politiques d'ajustement structurel sur les populations les plus exposées et de contribuer au développement socio-économique local. Très prosaïquement, les objectifs immédiats consistaient à:

- créer des emplois temporaires en réalisant un ensemble d'infrastructures sociales et économiques reposant sur une approche à haute intensité de main-d'œuvre (HIMO);
- susciter des emplois durables en développant des activités génératrices de revenus (différentes activités agricoles, greniers

villageois, élevage du bétail, etc.,) et des projets de micro-financement;

- stimuler le développement des entreprises du secteur du BTP, en particulier les bureaux d'études et les PME du bâtiment et de la construction. A cette fin, des stages de formation étaient organisés au profit des opérateurs. Le but recherché était de confier à ces entreprises locales la sous-traitance des études d'une part, le suivi et le contrôle de l'exécution des travaux sur les chantiers, d'autre part. Ce troisième objectif a été plus particulièrement poursuivi par ceux des Fonds sociaux et des AGETIP qui avaient déjà bénéficié plus ou moins directement d'une assistance du BIT (Madagascar, Rwanda, Egypte).

Depuis quelques années, de nouveaux objectifs ont été progressivement inclus pour relever les défis posés par les transferts de responsabilités aux municipalités/communautés et pour remédier aux faiblesses constatées dans les premiers Fonds. Ces nouveaux objectifs sont de trois ordres:

- conférer un pouvoir de décision aux communautés en les aidant à prendre en charge leur propre développement et à répondre de leurs actions devant la population;
- renforcer la capacité des ONG et autres associations locales à promouvoir la participation populaire et aider les communautés à identifier, formuler et réaliser des projets;
- former les municipalités et les communes rurales à la planification des investissements prioritaires, à l'administration des contrats confiés au secteur privé et à l'entretien/fonctionnement des infrastructures réalisées.

I.2   Le cadre institutionnel, législatif et organisationnel

La mise en place des Fonds sociaux peut résulter de situations de crise, tant économiques qu'institutionnelles ou politiques. Ils peuvent aussi être envisagés dans des pays où les gouvernements poursuivent avec vigueur une politique de décentralisation (Bolivie, Honduras et Nicaragua). Ainsi, le contexte institutionnel et juridique dans lequel s'inscrivent les FS dépend-il étroitement de la situation rencontrée dans le pays de référence au moment de la formulation. Contrairement aux projets comparables de lutte contre la pauvreté qui sont rattachés à des ministères techniques, ou même au Cabinet du Premier Ministre ou du Président, la majorité des Fonds sociaux est dotée d'un statut juridique particulier leur permettant d'échapper aux lourdeurs des rouages de l'administration. Cette autonomie facilite leurs rapports avec les agences publiques et privées ainsi que les institutions financières, les ONG ou les communautés et les entreprises, pour ne citer que ces principaux opérateurs. En conséquence, les Fonds sociaux peuvent s'appuyer sur un large éventail de compétences pour s'acquitter avec succès de leur cahier des charges. En général, ils sont dotés du statut d'association privée à but non lucratif ou du statut d'association reconnue d'utilité publique, ou encore d'un statut ad hoc approuvé par décret qui garantit l'indépendance du système de gestion dont ils se sont dotés. Le plus souvent, les Fonds sociaux comportent une Assemblée générale, un Conseil d'administration et une Direction générale. Les deux premières entités sont parfois remplacées par un Comité unique dit de pilotage ou d'orientation. Ce Comité a pour mission d'approuver la stratégie globale du Fonds social, les plans de travail, les budgets annuels et l'ouverture des antennes régionales. Les relations du Fonds ou de l'AGETIP avec l'administration sont régies par une convention signée avec l'Etat. Cette convention définit les droits et les obligations de chacun. Généralement, les entités suivantes sont appelées à nommer un représentant dans les organes d'un Fonds social :

- le Gouvernement, représenté par la Primature ou l'un de ses ministères clé;
- les ministères techniques tels que le ministère de l'Economie, des Finances et du Plan, le ministère du Travail, de l'Emploi et des

Affaires sociales, le ministère de l'Education, le ministère chargé de la Décentralisation, etc.;
- les collectivités locales, par exemple le Président de l'Association des municipalités ou des communes concernées;
- les ONG qui interviennent dans les champs d'activité du Fonds;
- les organisations professionnelles telles que l'Association des PME du BTP, l'Association des bureaux d'études, l'Union des artisans, etc.;
- les bénéficiaires ;
- parfois les bailleurs de fonds qui co-financent le Fonds social ; mais,
- absence des syndicats de travailleurs du BTP.

Ce rassemblement d'acteurs très divers en provenance des secteurs public et privé et de la société civile est une caractéristique originale des Fonds sociaux. Ces acteurs ont tous pour mission, à un degré ou à un autre, de lutter contre la pauvreté. Ils confient la gestion du FS à une Direction générale composée d'experts nationaux recrutés librement sur le marché du travail. Le plus souvent, le Directeur général fait l'objet d'une recherche dans un journal international spécialisé alors que les autres experts sont identifiés sur le marché du travail local. Habituellement, un Fonds social comprend trois niveaux d'intervention dont l'importance relative sera fonction du volume des financements consentis ainsi que de l'étendue du pays et du degré d'accessibilité des zones d'intervention. Le tableau 4 présente l' organigramme-type d'un Fonds social.

A l'échelle nationale, la Direction générale est responsable de la mise en place des activités assignées au FS dans le cadre du mandat qui lui a été confié par le Comité de pilotage ou le Conseil d'administration. Elle lui rend compte régulièrement des actions menées et des résultats obtenus et lui soumet des plans de travail. Cette Direction comprend plusieurs services chargés des projets communautaires, des projets de micro-financement, du renforcement des capacités des différents acteurs, de la programmation et de l'évaluation, du suivi informatique, de l'administration et des finances et de l'audit interne.

A l'échelle régionale, des antennes sont souvent créées, au fur et à mesure des besoins, afin d'aider les instances communautaires à présenter et à défendre leurs idées de projets au niveau provincial ou régional. Les antennes ont aussi pour vocation d'aider ces communes à constituer des Comités de projets et des Associations d'usagers. Elles représentent le Fonds social dans les Comités de concertation régionaux afin de coordonner leurs propres activités avec celles d'autres intervenants, en particulier les services décentralisés de l'Etat. Compte tenu des différentes catégories de projets à réaliser et des prestations de services dévolues au FS, ces antennes sont souvent assez étoffées.

A l'échelle locale, les intérêts des bénéficiaires sont essentiellement défendus par le tissu plus ou moins serré des organisations communautaires, des ONG ou des coopératives existantes. Ces opérateurs locaux deviennent responsables de la formulation et de la réalisation des projets, une fois ceux-ci approuvés par le FS. Ils sont aussi chargés d'assurer le fonctionnement et l'entretien ultérieur des travaux d'infrastructures. Au cas où un projet exige des compétences techniques particulières, ces opérateurs locaux peuvent en déléguer l'exécution au FS qui en confie à son tour la conception et la réalisation à des bureaux d'études et à des PME du BTP.

Le projet est réceptionné dans tous les cas par la communauté et/ou la commune, Maître d'ouvrage, à l'achèvement des travaux. Dans les pays déjà pourvus de Conseils municipaux ou communaux élus, ce sont ces organes qui défendent le plus souvent les intérêts des bénéficiaires. Il n'est donc pas étonnant qu'ils proposent la réalisation de projets d'investissements d'une importance toute particulière pour la communauté. Ceci est spécialement le cas dans les AGETIP.

Ce cadre organisationnel est évolutif. Il est aussi tributaire des réformes institutionnelles en cours, du montant des investissements disponibles et des enseignements tirés des phases antérieures du Fonds social en question.

Tableau 4. Organigramme-type d'un Fonds social

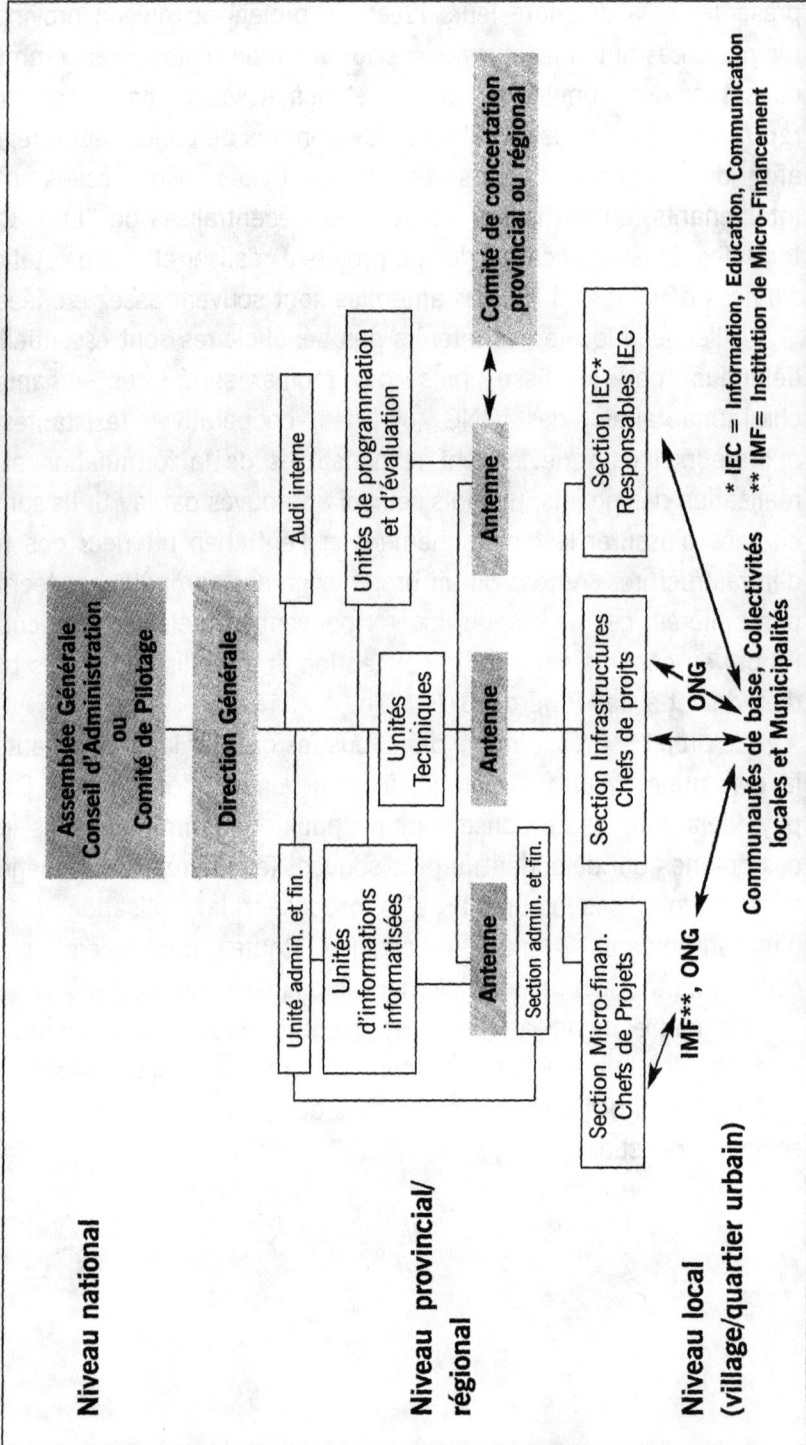

Niveau national

Niveau provincial/ régional

Niveau local (village/quartier urbain)

Assemblée Générale
Conseil d'Administration
ou
Comité de Pilotage

Direction Générale

Audi interne

Unités de programmation et d'évaluation

Unités Techniques

Unité admin. et fin.

Unités d'informations informatisées

Comité de concertation provincial ou régional

Antenne

Antenne

Antenne

Section admin. et fin.

Section IEC* Responsables IEC

Section Infrastructures Chefs de projts

Section Micro-finan. Chefs de Projets

IMF**, ONG

ONG

Communautés de base, Collectivités locales et Municipalités

* IEC = Information, Education, Communication
** IMF= Institution de Micro-Financement

I.3   Les fonctions principales

Les fonctions d'un Fonds social sont assez proches de celles d'une Banque de développement. Toutefois, à la différence d'une telle banque, le FS ne consent pas de prêts lui-même. Il se limite à subventionner des projets d'infrastructure et de formation, et à canaliser des fonds au profit de partenaires-relais pour l'octroi des crédits à différentes catégories de bénéficiaires (activités génératrices de revenus et projets de micro-financement). Dans cet esprit, les principales fonctions d'un Fonds social sont de:

- concilier la clarté des procédures de mise en œuvre des projets avec la maîtrise des coûts et des modalités d'exécution qui sont mesurables;
- développer un cadre opérationnel qui permette d'identifier et d'évaluer les opérations à financer, de passer des protocoles d'accord avec les partenaires-relais, de conclure des marchés avec les bureaux d'études et les entreprises, de canaliser les fonds vers les opérateurs, de contrôler et de payer promptement les sous-traitants et d'évaluer l'impact des différents projets;
- recourir au maximum au plus grand éventail possible de partenaires-relais;
- promouvoir une concertation régionale en mettant en place des antennes à ce niveau. Cette approche permet une sélection plus rigoureuse des projets, une identification des activités en collaboration étroite avec les bénéficiaires et un suivi rapproché de l'exécution ainsi que du fonctionnement et de l'entretien des projets réalisés.

Trois critères essentiels de fonctionnement des Fonds sociaux méritent d'être expliqués plus en détail dans la mesure où ils ont une incidence directe sur les résultats et parce qu'ils sont spécifiques à ces institutions:

- premièrement, les coûts d'administration d'un Fonds social sont typiquement limités à 10 pour cent du montant total des projets subventionnés et pour une AGETIP à 5 pour cent. On remarquera que les AGETIP restent encore assez loin de cet objectif ;
- deuxièmement, dans un certain nombre de FS, le montant total des crédits et des dons doit être réparti sur tout le territoire du pays (par

province/région, préfecture ou sous-préfecture) en utilisant comme clés de répartition la densité de la population et les indices de pauvreté (Anker et al, 1998)[4]. Connaissant le montant total des investissements par zone administrative, chaque requête de projet qui répond aux critères d'éligibilité est approuvée par la direction du FS. Elle est alors incluse dans le plan de travail annuel sur la base des financements disponibles. Cependant, il arrive que cette règle générale ne soit pas respectée. C'est le cas lorsqu'un bailleur de fonds demande d'opérer dans une zone qu'il a lui-même sélectionnée ou lors de catastrophes naturelles nécessitant des interventions d'urgence. Dans le cadre des AGETIP qui agissent principalement en milieu urbain, ce pouvoir de programmation est confié de plus en plus aux Conseils municipaux. Avec l'aide de bureaux d'études, ces derniers établissent des plans prioritaires d'investissement ;

- troisièmement, l'exécution des différents types de projets (infrastructures, crédits, formation) est le fait, soit des partenaires-relais ou des communautés elles-mêmes, soit du secteur privé. Dans la première génération de Fonds sociaux, on utilisait très souvent le système de maîtrise d'ouvrage déléguée dans lequel les FS recrutaient des bureaux d'études et des PME pour le compte des bénéficiaires. Aujourd'hui, on essaie de plus en plus de charger les communautés de base ou les Conseils communaux de l'administration des contrats. La tâche des Fonds se limite à la canalisation des financements en plusieurs tranches vers ces entités et au contrôle de la bonne utilisation de ces ressources. Les travaux sont réalisés à l'entreprise ou par des tâcherons recrutés par les communautés. De la même façon, les projets de micro-financement sont confiés à des institutions de crédit mutualiste, à des ONG ou à d'autres partenaires-relais tandis que les projets de crédit aux PME/PMI sont mis en place par des banques locales avec lesquelles le Fonds social passe des conventions. Pour des raisons d'efficacité, les AGETIP tiennent encore à conserver leur rôle de maître d'ouvrage délégué. C'est pourquoi, elles continuent à conclure des marchés avec les bureaux d'études et les PME.

---

4 Dans ce document, les auteurs procèdent à un examen des nombreux indicateurs de la pauvreté (revenus, dépenses, emploi, avoirs, etc.). Pour déterminer les zones de plus forte concentration de la pauvreté dans un pays, ils proposent de réaliser des enquêtes revenus/dépenses simplifiées et de s'appuyer, si elles existent, sur les enquêtes emplois.

I.4   Les ressources et les mécanismes de financement

Les ressources des Fonds sociaux sont d'origine multiple et proviennent pour l'essentiel:

- des crédits IDA (Banque mondiale)[5] et d'autres institutions financières comme la Banque africaine de développement, la Banque inter-américaine de développement, la Banque asiatique de développement, le Fonds arabe pour le développement economique et social et l'Organisation des pays exportateurs de pétrole;
- des dons de bailleurs de fonds, dont les plus importants sont l'Union Européenne, le Japon, l'USAID (United States Agency for International Development), les Pays-bas, l'Agence française de développement, la KFW et les vivres du PAM et de l'Union Européenne dans le cadre de programmes Vivres contre Travail;
- des ressources diverses mises à disposition par le gouvernement du pays d'accueil ainsi que des fonds de contre-valeur (fonds en monnaie locale d'un montant équivalent à la valeur des dons en nature tels que farine, engrais, etc.,) envoyés par un bailleur de fonds;
- des contributions fournies par les bénéficiaires sous formes diverses;
- de la réutilisation du remboursement des crédits et des intérêts dus au titre des activités développées par les Fonds;
- de dons reçus de personnes privées ou publiques.

La part des financements internationaux dépasse le plus souvent 80 pour cent de l'ensemble des ressources gérées par les FS. C'est seulement dans les Fonds sociaux du Chili (FOSIS) et du Guatemala (FONAPAZ) que la part du financement externe ne dépasse pas 15 pour cent. Par conséquent, la décision de continuer, d'étendre ou de diminuer les activités d'un Fonds social dépend essentiellement des institutions financières et des bailleurs de fonds internationaux.

Les Fonds sociaux utilisent les ressources diverses évoquées ci-dessus pour financer tout un ensemble de petits travaux d'infrastructures,

---

5 L'IDA (International Development Association) est une des cinq associations qui composent la Banque mondiale. Elle accorde aux pays les plus pauvres des prêts à taux préférentiels. Les contributions proviennent des pays les plus nantis et de quelques pays en développement, membres de la Banque mondiale.

d'opérations de micro-financements et d'activités de formation qui répondent aux critères d'éligibilité énoncés dans les Manuels de procédures. Les conditions générales de financement des projets qu'on retrouve dans la plupart des FS sont les suivantes:

■ les FS ne financent que les projets nécessitant une subvention inférieure à un seuil donné. Ce seuil est fixé selon des conditions spécifiques à chaque pays et selon la moyenne des coûts unitaires de chaque type de projet. Ainsi, dans le Fonds de développement du Yémen il est de 250.000 $ alors que dans le Fonds d'intervention pour le développement (FID), à Madagascar, il se monte à 50.000 $, sauf pour les pistes rurales ou il est de 100.000 $;

■ le financement de petits travaux d'infrastructures se fait exclusivement par l'octroi de subventions et reste subordonné à une participation des bénéficiaires;

■ la participation des FS se fait toujours par l'octroi de ressources financières afin de contribuer à l'injection de revenus monétaires dans les secteurs ruraux et urbains défavorisés;

■ les FS peuvent financer les sur-coûts de fonctionnement des partenaires-relais associés à la mise en oeuvre d'un projet dans la limite d'un certain pourcentage du coût total du projet. A titre d'exemple, dans le FID malgache ce pourcentage est de 20 pour cent. Par contre, ils ne peuvent financer les coûts du personnel permanent.

Une des missions importantes des Fonds sociaux est de contribuer à la monétarisation du milieu rural par le financement d'activités économiques et sociales, ce qui implique une rémunération de la main d'œuvre. Toutefois, dans les projets de développement communautaire, la population bénéficiaire peut fournir gratuitement le travail de ses membres ainsi que les apports en matériaux locaux au titre de sa contribution aux opérations de construction. De même, la mise à disposition des terrains, quand cela est nécessaire, relève de la population bénéficiaire et s'ajoute à toute autre contribution qu'elle serait amenée à faire. Quant aux montants et aux modalités de participation des bénéficiaires, ils sont déterminés au cas par cas, en tenant compte des facteurs suivants: la catégorie et le type de projet; les moyens financiers de la collectivité concernée; les pratiques des ONG et autres projets de développement dans la zone concernée (paiement en nature); et, l'état de la zone d'intervention (zone sinistrée par la sécheresse, zone de production agricole, etc.).

De manière générale, il est demandé aux bénéficiaires de contribuer à hauteur d'au moins 10 pour cent aux coûts d'investissement des infrastructures de base, y compris la partie équipement. L'objectif de cette contribution est double. Il est d'abord de financer le plus grand nombre possible de projets avec les ressources dont le Fonds social dispose. Il est également de tester l'importance et la priorité que les bénéficiaires eux-mêmes accordent à leurs projets. La contribution peut atteindre 30 à 40 pour cent du coût total pour des projets productifs, tels que les périmètres irrigués. On notera que les pourcentages de participation mentionnés ici ne concernent que la quote-part des bénéficiaires à la réalisation proprement dite, qu'il s'agisse de la construction ou de la réhabilitation des infrastructures. Une fois la réalisation achevée, les bénéficiaires doivent prendre en charge la totalité des dépenses nécessaires à son fonctionnement et à son entretien. Ils ont différents moyens à leur disposition pour réunir leur contribution. Il peut s'agir d'une participation directe des villageois en tant que parents d'élèves dans le cas d'une école qui est rénovée. Ce peut-être aussi une contribution mixte provenant à la fois du budget de la commune et d'une contribution des riverains ou d'un apport des transporteurs dans le cas de la construction ou de la réhabilitation d'une piste. Dans l'hypothèse d'un aménagement urbain réalisé en partenariat avec une AGETIP, c'est le budget de la ville ou même de l'Etat qui sera mis à contribution. Dans l'AGETIP du Sénégal, c'est le ministère de la Décentralisation qui fournit les fonds de contrepartie exigés. Pour cela, il fait appel au Fonds d'équipement des collectivités locales.

En conclusion de ce chapitre, les FS se révèlent être des institutions uniques qui rassemblent les forces vives des secteurs publics et privés ainsi que celles de la société civile. Ils sont, de plus, dotés d'une large autonomie de gestion, comparable au secteur privé, ce qui accroît leur souplesse de fonctionnement. Cette autonomie de gestion a pour corollaire la réalisation périodique d'audits externes, indépendants et stricts. Le montage institutionnel des Fonds sociaux a été conçu pour répondre à plusieurs contraintes auxquelles les programmes des bailleurs de fonds ont été souvent confrontés dans les années 80 et 90, à savoir la trop grande lenteur des déboursements, les faibles capacités d'exécution des destinataires et leur participation insuffisante à la planification et à l'exécution des projets. Les FS sont généralement dotés de personnels qualifiés, recrutés librement sur le marché du travail en fonction des compétences requises. Ces cadres sont rémunérés selon les barèmes appliqués dans le secteur privé. Cela permet une mise en œuvre plus efficace de leurs activités. Finalement, il est important de souligner la capacité d'adaptation des Fonds sociaux qui tient compte des réformes institutionnelles importantes en cours dans de nombreux pays en développement. Le montage institutionnel original qui les caractérisent leur a souvent permis de devenir des catalyseurs importants de fonds d'investissements.

CHAPITRE 2

Des procédures et une gestion transparentes

II.1   Critères d'éligibilité et sélection des projets

Le Manuel de procédures est l'outil le plus important qui régit un Fonds social. Il spécifie les différents types de projets qui peuvent être subventionnés par un FS ainsi que les critères de financement et de réalisation. L'objectif est de doter la direction du Fonds social d'un instrument de référence pratique qui regroupe sous une forme accessible son modus operandi. Ce manuel contient aussi les modèles de protocoles d'accord et de contrats-types que le FS est appelé à négocier avec les partenaires-relais et les sous-traitants.

Encadré 1: **Principaux éléments du Manuel de procédures du Fonds social pour le développement du Yémen: Infrastructures de base et activités de formation (Volume I)**

Ce Manuel comprend les différentes parties suivantes:
Principales caractéristiques du Fonds social pour le développement du Yémen (SFD)
Organisation et fonction du SFD
Cycle des sous-projets
Critères généraux d'éligibilité et de sélection et conditions de financement des sous-projets
Type, critères d'éligibilité et de sélection, et indicateurs de résultats des sous-projets mis en œuvre par l'Unité des infrastructures
Type, critères d'éligibilité et de sélection, et indicateurs de résultats des sous-projets mis en œuvre par l'Unité de l'eau et de l'environnement
Type, critères d'éligibilité et de sélection, et indicateurs de résultats des sous-projets mis en œuvre par l'Unité de protection sociale
Type, critères d'éligibilité et de sélection, et indicateurs de résultats des sous-projets mis en œuvre par l'Unité de formation
Fonctions de l'Unité de programmation et d'évaluation
Procédures de passation des marchés dans les sous-projets
Gestion financière des sous-projets
Coordination entre le SFD, le Gouvernement, les agences et les donateurs

En règle générale, tout domaine d'activité principal d'un Fonds social s'appuie sur un Manuel de procédures spécifique. La période de préparation du Fonds social est la plus opportune pour rédiger un manuel propre à chacune des trois grandes catégories d'activités que l'on rencontre le plus souvent dans un FS, à savoir: les petits travaux d'infrastructure, les projets de micro-financement et activités génératrices de revenus, et les programmes de développement des capacités locales. Le contenu des manuels varie d'un pays à l'autre. Il est fonction des conditions spécifiques rencontrées.

II.1.1   Les infrastructures de base

Dans la première partie, le Manuel de procédures expose les critères généraux qui décideront de l'éligibilité ou du refus des projets soumis dans le cadre propre à chaque Fonds social. La deuxième partie présente les critères plus liés aux particularités techniques et socio-économiques des projets qui rentrent dans cette première catégorie: (i) les infrastructures scolaires; (ii) les infrastructures sanitaires; (iii) les projets d'approvisionnement en eau potable et d'assainissement; (iv) les petits périmètres irrigués; (v) les infrastructures de vente, de stockage et de conservation des produits agricoles, d'élevage et de pêche ; (vi) les infrastructures de désenclavement (pistes, ouvrages d'art); et, (vii) les travaux de protection de l'environnement.

Les principaux critères généraux d'éligibilité d'un projet sont les suivants:

■ on retiendra en priorité les projets communautaires qui résultent d'un processus de dialogue suffisamment long avec les groupes cibles et qui reflètent bien leurs aspirations. Les projets sont identifiés et présentés par les collectivités elles-mêmes ou en association avec des partenaires tels qu'ONG ou coopératives. Il est demandé à la communauté de s'engager fermement en faveur du projet;

■ les propositions soumises doivent être techniquement et socio-économiquement viables. En outre, les infrastructures d'accès aux services sociaux doivent pouvoir bénéficier directement aux populations de référence afin de justifier leurs coûts d'investissement et de fonctionnement. Quant aux projets productifs, ils doivent être économiquement et financièrement rentables;

- il est indispensable pour chaque projet que l'association, la coopérative ou la collectivité locale s'engage aussi à prendre en charge le fonctionnement et l'entretien du projet après son achèvement. Les conventions de financement signées avec les bénéficiaires doivent contenir l'ensemble des dispositions financières et institutionnelles indispensables à la valorisation du projet;
- les projets d'infrastructures doivent s'appuyer autant que possible sur la mobilisation locale des ressources humaines et des matériaux pour leur réalisation;
- les projets doivent être articulés dans un ensemble local de planification des investissements afin de créer un effet de synergie;
- les projets doivent bénéficier en priorité aux couches les plus défavorisées de la population.

Parmi les critères généraux de rejet les plus importants, on place:
- les activités récurrentes, c'est-à-dire les projets conçus uniquement pour assurer l'entretien de travaux d'infrastructure qui sont normalement à la charge des services techniques décentralisés de l'Etat;
- les projets trop sophistiqués ou à caractère expérimental qui se révéleraient difficiles à gérer;
- les projets dont l'entretien et/ou le fonctionnement dépasse manifestement les capacités des bénéficiaires ou des services techniques locaux;
- les projets déjà éliminés du Programme d'investissement de l'Etat ou de celui des collectivités décentralisées parce qu'ils sont en contradiction avec la politique de développement ou qu'ils ne s'insèrent pas dans les stratégies sectorielles;
- les activités en cours ou déjà programmées dans le cadre d'autres projets ou programmes. En effet, le FS ne doit pas se substituer à des sources de financement existantes ou prévues dans la zone du projet proposé mais doit contribuer à les renforcer comme partenaire;
- les projets susceptibles d'avoir des conséquences nuisibles sur l'environnement;
- le cas d'un premier projet subventionné par le Fonds dans la

commune qui n'aurait pas abouti. En effet, il est exclu que les collectivités locales puissent bénéficier d'une deuxième subvention du FS si les engagements pris en matière de réalisation, de gestion et d'entretien d'une première infrastructure n'ont pas été respectés.

Les requêtes exprimées par les collectivités doivent être adressées aux antennes régionales du Fonds social qui se prononcent sur leur recevabilité par rapport aux critères présentés ci-dessus. Le service des projets communautaires des antennes régionales effectue un deuxième tri en fonction de la faisabilité technique et socio-économique du projet et de la capacité d'une agence d'encadrement (partenaire-relais) à le mettre en oeuvre. Il sera inévitable de faire un choix entre les projets viables, de fixer les priorités et de planifier la réalisation des différents projets. Les propositions qui satisfont aux critères généraux et spécifiques d'éligibilité et d'évaluation sont, en général, trop nombreuses par rapport aux capacités de financement et de gestion des FS. Dès lors, la direction nationale du Fonds social, en concertation éventuelle avec un Comité consultatif régional, composé des autorités locales et des acteurs de développement les plus importants, classera les projets soumis par ordre de priorité, à partir des critères suivants:

■ ciblage des populations pauvres;
■ distribution géographique en conformité avec les cartes de pauvreté;
■ engagement solide des demandeurs;
■ date de la requête;
■ besoins spéciaux de groupes particulièrement vulnérables.

L'approbation des projets relève, soit de l'antenne régionale elle-même, soit de la direction nationale ou du Conseil d'administration du FS. Cela dépend du coût du projet et du degré de décentralisation du Fonds social auquel on se réfère. Les projets finalement retenus sont inclus dans les plans de travail annuel du Fonds suivant les financements disponibles dans les circonscriptions concernées. Rappelons que le montant total des financements externes et locaux du FS est le plus souvent réparti suivant la densité de la population et les indices de pauvreté.

II.1.2 Les projets générateurs de revenus et les activités de micro-financement

Un Manuel de procédures propre à ce type d'intervention est également rédigé. On y retrouve deux catégories de critères d'éligibilité : 1) une série de critères qui s'appliquent aux projets pour lesquels le promoteur demande un financement du Fonds social; et, 2) une deuxième série de critères qui concernent l'agence d'encadrement (ONG, institutions de crédit mutualiste, coopératives, etc.). Ce manuel a pour mission d'aider les promoteurs individuels à identifier, à concevoir et à gérer l'opération de micro-financement envisagée.

Encadré 2: **Principaux éléments du Manuel de procédures du Fonds social pour le développement du Yémen: Activités génératrices de revenus et opérations de micro-financement (Volume II)**

Objectifs du Fonds, rôle et politique d'intervention en matière de crédit
Critères d'identification et d'évaluation ex ante des sous-projets
Evaluation de la capacité des intermédiaires financiers
Signature des accords d'assistance technique, du plan de travail et des accords de crédit et de caution
Déboursement et gestion administrative
Recouvrement des prêts
Evaluation ex-ante des différents types de projets
Système de gestion informatisé.

Pour être éligibles, les projets qui rentrent dans cette catégorie doivent pouvoir stimuler le développement du secteur privé, en particulier celui des micro- et des petites entreprises locales. Ils doivent être bien enracinés localement et émaner d'un promoteur crédible. Le promoteur doit contribuer, à hauteur d'un certain pourcentage, au coût du projet. Ce pourcentage est, en général, de 20 pour cent du coût du projet et doit être mobilisé en espèces ou en nature (terrain, travail, matériaux, outils, etc.). Afin de vérifier la viabilité et la rentabilité de l'opération, une étude de faisabilité, même simplifiée, devra être obligatoirement conduite. Evidemment, on refusera la prise en charge de projets qui répondent déjà aux critères d'octroi d'un crédit bancaire ordinaire.

Parallèlement aux critères d'acceptation spécifiques au projet, on se préoccupera aussi de savoir dans quelle mesure les partenaires-relais qui vont participer à la mise en œuvre de ces activités productives remplissent les conditions d'éligibilité. Pour cela, il importe qu'ils soient bien implantés dans le milieu et qu'ils disposent déjà d'une certaine crédibilité auprès des promoteurs et des bénéficiaires. Ils doivent disposer d'un personnel compétent et disponible ainsi que d'une structure organisationnelle et administrative appropriée, capable de compléter utilement les efforts des promoteurs. En outre, ils doivent être en mesure de gérer un prêt ou un programme de micro-financement. On attend d'eux qu'ils puissent faciliter la tâche du Fonds social dans son activité de recouvrement des crédits consentis aux promoteurs. Finalement, le statut officiel de partenaire-relais doit être agréé par les services compétents de l'administration gouvernementale ou par les autorités locales, dans le cas d'une ONG. L'absence fréquente d'agences d'encadrement complique souvent singulièrement la tâche des Fonds.

II.1.3   Les activités de développement des capacités locales

Les Fonds sociaux sont souvent confrontés aux faiblesses des partenaires-relais (ONG locales, PME, bureaux d'études, institutions de crédit mutualiste, etc.). Pour remédier à ce handicap, ils ont dû s'adapter. Ainsi, l'identification d'un projet de renforcement des capacités locales relève fréquemment d'un processus interne au Fonds social. Il va dépendre, soit d'indicateurs pertinents, soit de recommandations découlant d'études spécifiques telles qu'un rapport d'audit technique, une analyse d'impact, ou une évaluation ex post. L'identification peut résulter également des besoins exprimés par les bénéficiaires eux-mêmes, par exemple, quand il s'agit de coopératives. Dans la plupart des FS, les stages de formation peuvent être organisés dans des domaines très divers, tels que:

- études de faisabilité et d'impact socio-économique (réalisation des enquêtes, calcul des taux de rentabilité, analyse coûts/avantages, impact sur l'environnement, etc.);
- création d'association d'usagers, mobilisation communautaire, création de Fonds d'entretien, gestion comptable, etc;
- formation des élus locaux à la gestion d'infrastructures ou à la budgétisation de l'entretien;

■ gestion d'entreprise : gestion financière, gestion du personnel et du matériel, organisation et réalisation de chantiers, procédures d'appel d'offres;

■ aspects techniques : par exemple la conception de routes en terre, techniques routières HIMO, techniques du bâtiment, conception de micro-périmètres irrigués, etc.);

■ ateliers permettant l'échange d'expériences entre différentes antennes régionales dans un même pays ou entre différents Fonds sociaux ou AGETIP. Tel est le cas des ateliers organisés à l'initiative d'AFRICATIP, l'association qui regroupe les différentes AGETIP en Afrique.

Deux critères d'éligibilité principaux sont utilisés pour la sélection des activités de développement des capacités locales:

■ en premier lieu, on retient les dossiers de stage qui comportent une justification et une analyse des besoins, une définition claire des objectifs du cours ainsi qu'une identification précise du groupe cible. La nature du stage (formation théorique, travaux pratiques et/ou chantier-école), la méthode pédagogique préconisée, le matériel didactique disponible ou à développer doivent également être explicités, autant que possible;

■ en deuxième lieu, on vérifie que la formation requise peut être dispensée localement dans un Centre de formation professionnelle ou dans un Institut de formation, par un expert national ou international compétent, par un bureau d'étude spécialisé ou par une association professionnelle ayant des références indiscutables et disposant du personnel qualifié nécessaire dans le domaine de formation concerné. Le prestataire doit aussi justifier d'une bonne connaissance des interventions du Fonds social. Par exemple à Madagascar, le Fonds d'intervention pour le développement a fait appel au Centre HIMO-Routes (BIT/NORAD) pour la formation des PME et des bureaux d'études aux techniques routières HIMO, au projet Entreprendre du BIT à Madagascar pour la formation en gestion d'entreprises et à l'Institut supérieur de technologie pour la formation des techniciens aux tâches de suivi des chantiers.

II.2   Réalisation et contrôle des projets

Un Fonds social est d'abord un organisme de financement. A ce titre, il n'exécute pas les projets lui-même mais s'appuie pour cela sur des partenaires-relais choisis en fonction de la catégorie, du type et de la taille du projet. Il se contente d'assurer une fonction de supervision globale des projets afin de justifier de ses actions auprès du gouvernement, de son Conseil d'administration et des bailleurs de fonds. La conception et le suivi journalier des projets sont confiés à des bureaux d'études, à des consultants individuels ou à des partenaires-relais qui disposent des compétences nécessaires.

II.2.1   Les infrastructures de base

Il existe deux formules pour exécuter les travaux d'infrastructure, compte tenu des souhaits exprimés par les bénéficiaires, de l'envergure des chantiers, de la technicité des opérations à réaliser et de la disponibilité ou non d'une agence d'encadrement : soit faire prendre en charge les travaux directement par les bénéficiaires selon un système de gestion communautaire des contrats, soit faire appel au système de maîtrise d'ouvrage déléguée.

Nombre de projets d'infrastructures de petite et moyenne taille sont à la portée des communautés et sont réalisés en tout ou en partie par les bénéficiaires eux-mêmes avec l'aide de tâcherons locaux. Dans ce cas, le Fonds fait appel, soit à des partenaires-relais pour épauler les bénéficiaires, soit aide la collectivité à constituer des Comités de projets composés de bénéficiaires directs du projet. Le partenaire-relais ou le Comité de projet s'engage à mettre en oeuvre le projet et à utiliser la subvention du FS conformément aux dispositions de la convention de financement et en appliquant une gestion administrative, financière et technique appropriée. Il est responsable, en particulier, de la mobilisation de la contrepartie, de l'organisation et du contrôle du chantier, de la gestion des contrats confiés aux tâcherons, et de l'achat des matériaux, fournitures et équipements et de leur stockage et transport sur les lieux du chantier. Il paie les sous-traitants ainsi que les fournisseurs et tient des registres comptables séparés sur lesquels sont inscrits l'ensemble des recettes et dépenses liées au projet et relatives aux contributions du Fonds social, de la population bénéficiaire et éventuellement des tiers. Il s'engage à faciliter la vérification des comptes du projet par les services administratifs et financiers du FS. Enfin, il soumet au Fonds social des rapports d'avancement du projet et un rapport d'achèvement. Souvent, il est assisté dans ses tâches par un chef de projet ou un consultant du FS qui dispense en même temps une formation sur le tas. Le Fonds s'engage à verser au Comité de projet ou au partenaire-relais le montant de sa subvention, conformément à l'échéancier de paiement approuvé dans la convention de financement. C'est le Comité de projet ou le partenaire-relais qui met en oeuvre le projet et paie directement les prestataires de services et fournisseurs. Le rôle du Fonds social dans le développement du projet est limité au contrôle du respect des procédures et de la qualité des réalisations, et au suivi général de l'avancement du projet et de l'utilisation de la subvention.

Il arrive souvent, vu la complexité de certains projets, que le Fonds assume en plus le rôle de maître d'ouvrage délégué. A cette fin, il passe un contrat avec des bureaux d'études pour la maîtrise d'œuvre et lance des appels d'offres auprès des PME du BTP pour l'accomplissement des travaux. Le bénéficiaire d'une subvention du Fonds social passe donc avec ce dernier une convention de maîtrise d'ouvrage déléguée. Par cette convention, le bénéficiaire délègue au FS l'ensemble des prérogatives, droits et obligations afférents à la maîtrise d'ouvrage des travaux, études et autres prestations nécessaires à l'exécution du projet. Plus spécifiquement, le FS, maître d'ouvrage délégué, assume les tâches suivantes:

- sélection du bureau d'études et passation du marché de prestations de services;
- fourniture des données et informations pertinentes sur le projet au bureau d'études;
- approbation des études techniques: Avant-Projet Sommaire (APS) et Avant-Projet Détaillé (APD);
- approbation du Dossier d'Appel d'Offres (DAO);
- adjudication du marché et notification du choix de l'entreprise;
- paiement des acomptes sur états des travaux dressés par le Maître d'œuvre;
- réception provisoire et définitive des travaux;
- paiement du décompte définitif de travaux; et
- paiement des prestations de services du maître d'œuvre.

Dans les projets d'infrastructures pour lesquels il est Maître d'ouvrage délégué, l'une des fonctions essentielles du Fonds social consiste à superviser les maîtres d'œuvre qui réalisent les études techniques et assurent le contrôle des travaux pour son compte. A cet effet, le FS procède à des visites inopinées de chantiers auxquelles doit assister le maître d'œuvre concerné. L'objet de ces visites est de contrôler la bonne exécution des obligations contractuelles du maître d'œuvre. Bien qu'ils conservent la responsabilité globale des opérations d'exécution des projets, les Fonds sociaux et les AGETIP favorisent autant que possible la participation active des bénéficiaires à leur mise en œuvre.

C'est ainsi que des conventions de maîtrise d'ouvrage déléguée sont signées avec les communes bénéficiaires, confiant les responsabilités et décisions pendant la phase d'exécution des travaux aux AGETIP. Cela n'empêche pas les collectivités concernées de suivre l'exécution des travaux et de participer aux réunions hebdomadaires de chantier. Elles font part de leurs observations au maître d'œuvre et au besoin à l'AGETIP. Toutefois, les collectivités s'abstiennent de donner directement des instructions aux entrepreneurs. Les collectivités interviennent également dans le règlement de problèmes plus spécifiques tels que la libération des terrains à bâtir ou la circulation pendant les travaux. Quand les travaux sont terminés, elles participent aux réceptions provisoires et définitives.

II.2.2 Les projets générateurs de revenus et les activités de micro-financement

Ayant une structure légère et un personnel réduit, les Fonds sociaux ne peuvent guère espérer jouer un rôle important dans l'identification, la préparation, la réalisation et le suivi des projets générateurs de revenus. Cela, d'autant plus que le suivi de ces projets est plus difficile et contraignant que celui nécessité par les petits travaux d'infrastructures. C'est pour cette raison que les Fonds font obligatoirement appel à des agences d'encadrement pour assister les promoteurs/bénéficiaires dans la préparation, la réalisation et le fonctionnement des projets (assistance-conseil), et pour exercer le suivi de ces projets pour le compte du FS. Une agence d'encadrement intervient donc toujours pour fournir au promoteur et au Fonds social la prestation "assistance-conseil-suivi". Dans la plupart des cas, l'agence d'encadrement joue aussi le rôle d'intermédiaire financier, soit pour un seul projet générateur de revenus approuvé préalablement par le FS, soit pour un programme de petits crédits. Pour ces opérations de micro-financement, le Fonds social prête de l'argent aux agences d'encadrement, à charge pour celles-ci de prêter à leur tour cet argent aux promoteurs sous forme de petits crédits qu'elles auront préalablement sélectionnés. Le FS approuve le programme de micro-financement dans son ensemble et non pas pour chaque projet individuellement.

II.2.3   Les activités de développement des capacités locales

Les Fonds sociaux sous-traitent les activités de formation à des formateurs individuels ou à des institutions spécialisées qui sont souvent des projets de formation. Le choix et le recrutement des formateurs se fait par appel d'offre restreint. Toutefois, étant donné le caractère particulier de ce genre d'activités et le nombre très limité de formateurs ayant les qualifications et l'expérience requises, dans la plupart des cas des contrats de gré à gré sont négociés.

Dans de nombreux Fonds sociaux, les cadres techniques dispensent la formation eux-mêmes, vu leur connaissance ou leur expérience dans certains domaines. C'est le cas pour les procédures de passation des marchés et l'établissement des Comités de projets, entre autres. Le but est toujours de former des formateurs locaux appartenant à des Institutions de formation, à des bureaux d'études ou des consultants individuels qui pourront à leur tour transmettre les connaissances acquises au profit du plus grand nombre possible de bénéficiaires. Pour ces opérations de formation, la qualité est vérifiée à la fois par les stagiaires et par les cadres des Fonds sociaux sur la base de questionnaires remplis en fin de stage.

II.3   Gestion financière et comptable

La gestion financière et comptable est une des fonctions clé des Fonds sociaux si l'on considère qu'ils financent souvent entre 200 et 500 projets de petite ou de moyenne taille chaque année. En l'absence d'un système comptable sophistiqué, les FS ne seraient pas en mesure de gérer les multiples opérations qu'ils subventionnent. Les grandes lignes du système de gestion financière et comptable généralement utilisé sont résumées ci-après.

Les Fonds sociaux se doivent de fonctionner selon les règles de gestion et de comptabilité commerciales. Il s'agit d'une obligation qui découle de leurs statuts et des accords de prêt (IDA et autres bailleurs de fonds) qu'ils sont amenés à signer. Dans cette optique, la gestion financière d'un Fonds social doit répondre à quatre objectifs bien identifiés:

- assumer ses responsabilités financières vis-à-vis du gouvernement, des bailleurs de fonds et des bénéficiaires;
- respecter la limitation des coûts de fonctionnement du Fonds par rapport aux investissements;
- mettre en oeuvre des procédures transparentes, contrôlables et simplifiées ; et
- gérer et fournir des informations financières fiables permettant la détection rapide des problèmes liés à l'exécution des projets et de prendre des mesures correctives en temps opportun.

Les Fonds disposent d'un compte spécial en devises (en dollars des Etats-Unis) pour les financements provenant d'un crédit de la Banque mondiale (IDA). Ce compte est alimenté et géré selon des modalités définies par l'IDA. Par ailleurs, ils disposent d'un compte de projet en monnaie locale destiné aux contributions du gouvernement et au remboursement des prêts consentis pour les projets de micro-financement, générateurs de revenus. Le compte spécial peut être décentralisé au niveau des antennes régionales. Les avances consenties pour l'ouverture des sous-comptes spéciaux régionaux correspondent aux besoins des antennes régionales pour trois mois. Les demandes de réapprovisionnement sont établies mensuellement ou lorsque le solde du compte est égal ou inférieur au tiers de l'avance accordée. En moyenne, un FS demande un réapprovisionnement à la Banque mondiale au moins une fois par mois pour des montants qui varient entre un et deux millions de dollars, selon le montant du crédit.

Pour les financements en provenance d'autres bailleurs de fonds, les

Fonds sociaux sont tenus d'ouvrir d'autres comptes bancaires. Ainsi, l'Union Européenne demande l'ouverture d'un compte en Euro et d'un compte en monnaie locale à partir desquels toutes les opérations sont financées.

Les Fonds sociaux ont des relations contractuelles avec de nombreux intervenants. Le paiement rapide des partenaires-relais et des sous-traitants est un des éléments primordiaux de leur succès. Il est à la base de la maîtrise des coûts des différents types de projets. Schématiquement, la gestion comptable s'effectue de la manière suivante:

- pour les travaux d'infrastructures et les projets directement créateurs de revenus qui sont mis en œuvre avec l'appui d'un partenaire-relais ou d'un Comité de projet, le Fonds social verse les fonds en plusieurs tranches directement au compte bancaire ouvert spécialement pour ce projet par le partenaire-relais ou par le Comité du projet. Les versements sont faits en conformité avec l'échéancier de paiements inclus dans la convention de financement ou le protocole d'accord passés entre le FS et le partenaire-relais. Le service administratif et financier du Fonds social enregistre ces paiements dans la comptabilité du projet en question;

- pour les projets d'infrastructures dont il est maître d'ouvrage délégué, le FS paie directement les bureaux d'études et les PME. C'est-à-dire que les acomptes sont payés sur états des travaux dressés par l'entreprise, contrôlés et visés d'abord par le maître d'œuvre et ensuite par les chefs de projet des FS. Les modalités de paiement sont détaillées dans les contrats, qui constituent la référence élémentaire de comptabilisation des engagements et des décaissements.

Le délai total entre la réception du décompte et de la facture par le Fonds social et le paiement au partenaire-relais ou à l'entreprise n'excède pas, en principe, quinze jours calendaires. Cette célérité est très appréciée des sous-traitants qui sont généralement payés avec beaucoup de retard quand ils travaillent pour le compte des administrations publiques. L'encadré 3 présente les délais de paiement pratiqués dans l'AGETIP du Niger.

Quelques chiffres illustrent l'importance d'une gestion comptable informatisée. Par exemple, le nombre de paiements à réaliser par un

---

Encadré 3: Les délais de paiement de NIGETIP

NIGETIP, l'agence d'exécution AGETIP du Niger, existe depuis le début des années 1990. Le Manuel de procédures attache une grande importance à la rapidité de paiement des factures aux entrepreneurs et fixe un délai maximum de 10 jours. Deux indicateurs sont utilisés pour vérifier le respect de cette clause:

• durée moyenne de paiement des factures aux entrepreneurs; et,

• pourcentage des factures impayées après 30 jours.

Ces indicateurs sont mesurés en continu et figurent dans les rapports périodiques du contrôleur de gestion interne. Ils sont vérifiés lors des audits techniques et financiers. A titre d'exemple, pour l'année 2001 les valeurs étaient les suivantes:

• délai moyen de paiement: 7 jours

• pourcentage des factures impayées après 30 jours: 0%

Fonds social qui finance 500 projets par an s'élève facilement à 3.500. Il est donc nécessaire de pouvoir s'appuyer sur un système informatisé qui établisse un lien automatique entre l'avancement des projets et les paiements dûs. Cela permet à la direction nationale du Fonds de suivre et de contrôler quotidiennement la qualité des performances.

Conformément aux procédures de la Banque mondiale et d'autres bailleurs de fonds, les Fonds sociaux font appel chaque année à un ou plusieurs vérificateurs aux comptes qui procèdent à l'audit comptable, financier et de gestion du FS. Ce ou ces audits vérifient en particulier que les Fonds sociaux respectent les termes de l'Accord de crédit et de l'Accord de projet ainsi que les spécifications des Manuels de procédures pour les différentes phases de mise en oeuvre des projets et pour la gestion courante des activités.

II.4   Transparence des procédures

Sur deux points très importants, les Fonds sociaux s'écartent des systèmes de mise en œuvre classiques utilisés dans les projets de développement. Premièrement, ils appliquent une approche dite "par programme"[6] c'est-à-dire que les projets à subventionner ne sont pas

---

6 Cette évolution très positive des méthodes de financement de l'aide au développement se retrouve de plus en plus chez les donateurs internationaux (i.e., DANIDA), car elle permet une plus grande souplesse des interventions.

identifiés au préalable. Deuxièmement, les procédures de fonctionnement et de gestion sont conçues pour garantir la transparence des Fonds dans toutes leurs interventions.

En ce qui concerne la réalisation des projets, les bénéficiaires sont impliqués au maximum dans les processus d'identification, de sélection et d'exécution. Une évaluation des requêtes est faite en concertation avec les bénéficiaires au niveau villageois afin de vérifier si la demande correspond bien aux souhaits de la majorité de la population. La réalisation de projets simples est confiée à des Comités de projet dont les membres sont choisis par la population. Dans cette logique, la gestion des petits contrats est aussi confiée à ces Comités. A cette fin, ils peuvent prétendre à une formation in situ sur les aspects organisationnels d'une association, la tenue d'une comptabilité simplifiée et la gestion de petits contrats. Dans les cas ou le système de maîtrise d'ouvrage déléguée est utilisé, les bénéficiaires, en tant que maître d'ouvrage, sont représentés lors de l'ouverture des plis et également dans la Commission technique. Celle-ci comprend, entre autres, le directeur du FS ou son représentant, le chargé de projet et le bureau d'études, maître d'œuvre. Elle a comme tâche l'évaluation et la comparaison des offres. La philosophie générale des Fonds sociaux est de convaincre les milieux où ils interviennent que les financements dispensés sont utilisés de manière concertée et transparente.

La crédibilité des Fonds sociaux en matière de passation des marchés de travaux et de fournitures est garantie par la clarté et le détail des critères d'évaluation des offres techniques et financières des documents d'appel d'offres. Elle dépend aussi étroitement de la formation des PME dans ce domaine et de l'ouverture des plis en présence des entrepreneurs et des représentants des bénéficiaires. Quant à l'attribution des marchés dans le cadre du système de gestion communautaire des contrats, elle est du ressort du Comité de contrôle villageois qui opère séparément du Comité de projet, responsable de la mise en œuvre du projet.

Le contrôle des projets se fait à plusieurs niveaux. Multiforme, il est le fait:

- du Comité de contrôle composé de membres élus par la population;
- des bureaux d'études ou des consultants individuels recrutés par le FS pour un projet déterminé ou pour un ensemble de projets;

- d'un responsable de projets du Fonds qui travaille dans l'antenne régionale du FS et qui s'occupe des aspects techniques et financiers des projets;
- du service responsable de chacune des trois grandes catégories de projets au niveau de la Direction nationale du Fonds et qui a pour mission de superviser les activités des antennes régionales.

Le contrôle global des activités d'un Fonds social incombe au Conseil d'administration qui approuve les plans de travail et les budgets, les rapports d'avancement (trimestriel ou semestriel) et les rapports d'audits. Les rapports d'audits techniques et financiers sont exigés par les bailleurs de fonds. L'audit technique annuel examine si le Fonds social a respecté les procédures, la qualité des travaux ou des services fournis, les coûts unitaires des projets et la réglementation portant sur la passation des marchés. De plus, des enquêtes ponctuelles sont conduites auprès des bénéficiaires pour vérifier si les projets approuvés correspondent réellement aux attentes de la population et si cette dernière a été impliquée à chaque étape du projet.

Finalement, les Manuels de procédures, en dépit des spécificités de chaque Fonds social, tendent de plus en plus à incorporer un tronc commun de dispositifs qui va des critères de sélection des projets aux contrats-types et aux méthodes de passation des marchés. Cela permet un démarrage plus rapide des Fonds et garantit une meilleure transparence de leurs opérations techniques, comptables ou financières. Cette transparence existe aussi dans les mécanismes mis en œuvre pour associer les collectivités aux différents stades de réalisation des projets.

En outre, la plupart des Fonds sont très informatisés et disposent d'une ou de plusieurs bases de données construites d'une façon modulaire. Entre autre, les données essentielles sur chaque projet, les données financières, les informations sur les différents acteurs (associations de base, PME, bureaux d'études, fournisseurs, etc.) et les indices de pauvreté font chacun l'objet d'un module. Tout cela permet aux Fonds sociaux de gérer et de dépenser un volume de ressources financières, souvent sans commune mesure avec d'autres opérations de développement. En effet, un des obstacles auxquels se heurte l'aide internationale provient de la difficulté à dépenser dans des délais raisonnables les fonds investis dans une opération d'aide au développement. Il semble que les Fonds sociaux réussissent mieux à circonvenir cette difficulté (Jorgensen, Van Domelen, 1999).

CHAPITRE **3**

Des activités diverses et des résultats contrastés

III.1 Les groupes visés: action sur la pauvreté

Au départ, les subventions et les prestations contrôlées par les Fonds sociaux sont orientées vers un ensemble de bénéficiaires ciblés, après sélection au sein d'une population plus large. Le ciblage des groupes-clé reste cependant une opération à connotation politique, même si on peut le regretter. Cette opération n'est guère populaire auprès des Gouvernements. Il est, en effet, difficile de décider que certaines familles ou certains individus vont bénéficier d'aides diverses alors que d'autres en seront exclus. Cela est particulièrement le cas quand ceux qui ne sont pas retenus appartiennent à un groupe actif, parfois influant dans la zone de référence des interventions d'un Fonds. Sachant que les plus pauvres sont peu représentés, les gouvernements ont plus de réticence à en faire les bénéficiaires les plus directs de leur action (Marc et al, 1993). Sous réserve de distorsions possibles pour les raisons qui viennent d'être invoquées, les groupes-cible comprennent généralement (Berar-Awad, 1997): (a) les "nouveaux pauvres", c'est-à-dire ceux qui sont le plus directement touchés par un programme de stabilisation et de réforme économique lié à des impératifs conjoncturels; (b) les groupes en situation chronique de pauvreté, enracinés depuis longtemps dans ce cercle vicieux; (c) les groupes les plus défavorisés tels que les femmes chefs de ménage ou les filles non scolarisées; (d) les travailleurs affectés par un programme de restructuration du secteur public ou par une opération de privatisation; et, (e) les différentes catégories de chômeurs, au sens large.

La détermination des groupes-cible en usage dans les Fonds sociaux peut s'appuyer sur l'établissement d'une cartographie de la pauvreté, sur des critères selon lesquels les groupes-cible sont censés se manifester alors que ceux n'appartenant pas à ces groupes ne seraient pas intéressés, ou encore sur le recours à des intermédiaires, les partenaires relais. Chaque approche a sa propre rationalité et s'appuie sur un certain nombre d'indicateurs. Ceux-ci doivent être d'usage facile et permettre d'éviter de coûteuses enquêtes:

- l'approche cartographique est utilisée pour concentrer les activités d'un Fonds dans des circonscriptions administratives déterminées, à l'intérieur d'un pays ou d'une région. Pour cela, on combine entre eux l'utilisation d'indices de pauvreté, la possibilité d'accéder à certains services sociaux de base, les niveaux sanitaires et alimentaires constatés, l'indice de mortalité infantile, le taux d'alphabétisation, etc. Si cette approche est fréquemment utilisée dans les Fonds sociaux en Amérique latine, elle l'est beaucoup moins en Afrique sub-Saharienne où les données fiables sont trop rares pour que cet exercice puisse avoir une réelle signification;

- l'approche dite "self-targeting" dans laquelle les groupes-cible sont censés se reconnaître consiste à fixer, par exemple, un niveau de salaire plafond dans les travaux d'infrastructure à haute intensité de main d'œuvre si ceux-ci sont réalisés en régie. C'est le cas des infrastructures de base réalisées par la Promotion nationale[8] au Maroc. Par contre, si les travaux sont réalisés à l'entreprise, c'est la loi de l'offre et de la demande qui détermine le niveau de salaire. Ainsi, il est difficile de contrôler efficacement un entrepreneur qui aura gagné un appel d'offres lancé par un Fonds social et qui serait supposé utiliser une main d'œuvre présentant des caractéristiques déterminées. Cet entrepreneur peut faire valoir que le paiement d'un salaire plus élevé lui permet de recruter des travailleurs mieux formés et donc plus productifs. Cette approche peut aussi déterminer le montant maximum des prêts octroyés par un programme de micro-financement ou le contenu spécifique de programmes d'aide alimentaire;

---

7 En anglais, cette approche est connue sous le nom générique de "self-targeting".

8 Le gouvernement du Maroc affecte environ 50 millions de dollars chaque année à un vaste programme de travaux à haute intensité de main d'oeuvre. Soixante dix pour cent des fonds sont réservés au paiement des travailleurs au barème du SMAG (salaire minimum agricole) qui est de l'ordre de 4 dollars par journée de travail.

■ le recours à des partenaires-relais permet au Fonds social de s'appuyer sur une entité qui connaît bien les groupes-cible et qui est donc capable d'en opérer une meilleure sélection. Toutefois, il est souvent difficile de trouver des ONG ayant une vraie base sociale, des coopératives ou d'autres opérateurs de développement expérimentés surtout dans des régions reculées.

Une bonne moitié des Fonds sociaux existants (Owen, Van Domelen, 1998) mentionne de manière explicite qu'un de leurs principaux objectifs est bien de cibler les populations les plus pauvres. Pourtant, dans la grande majorité des cas, les groupes-cible ne sont décrits qu'en termes assez généraux. A l'origine, très peu de Fonds disposaient d'indicateurs mesurables permettant d'identifier avec précision les groupes que l'on cherche à atteindre car la première génération des FS n'avait guère que des objectifs à court terme. En dépit de toutes les insuffisances liées à la détermination des groupes-cible et au manque de cohérence des méthodes utilisées pour les identifier dans les premiers temps, une évaluation des Fonds sociaux (Owen, Van Domelen, 1998) faite sous l'angle des bénéficiaires entre 1989 et 1996 indique qu'ils ont un impact sur les populations pauvres. Plus récemment, les résultats préliminaires d'une étude, également entreprise par la Banque mondiale (Rawlings et al, 2000) dans six pays disposant de Fonds sociaux actifs (Arménie, Bolivie, Honduras, Nicaragua, Pérou et Zambie) illustrent de manière plus convaincante la capacité réelle des Fonds sociaux à cibler les groupes les plus à risques. L'étude conclut que, non seulement les Fonds analysés bénéficient aussi aux populations pauvres mais que, dans tous les cas, le ciblage s'est amélioré au fil des années.

Encadré 4: **Ciblage des populations pauvres dans quelques Fonds sociaux**

Au Nicaragua, entre 1991 et 1998, 76% des ressources du FS ont été mobilisées au profit de municipalités caractérisées par des niveaux de pauvreté élevés ou même extrêmes (représentant 53% de la population);
Au Pérou, entre 1992 et 1998, plus de 80% des subventions ont bénéficié au 40% des municipalités les plus pauvres;
Au Honduras, entre 1994 et 1997 (2ème FS), 51% des financements ont profité aux deux catégories de municipalités les plus pauvres (décrites comme pauvres et très pauvres et comptant 41% de la population).

Il ne fait guère de doute que dans la plupart des Fonds sociaux la préoccupation première est d'avoir un impact sur la situation des pauvres, à défaut des plus pauvres. Pourtant, l'utilisation systématique de techniques de ciblage plus performantes se heurte encore à des contraintes du milieu difficiles à éliminer, telles que:

■ le poids des facteurs politiques qui, en pratique, oblige souvent les FS à intervenir sur l'ensemble du territoire d'un pays dans la mesure où toutes les régions sont affectées, même si c'est à des degrés divers, par la pauvreté;

■ la dimension encore trop réduite des Fonds par rapport à l'ampleur des besoins, ce qui complique le ciblage; et,

■ les efforts considérables requis pour remédier aux insuffisances qualitatives de projets soumis par les groupes bénéficiaires les plus pauvres et les plus isolés.

Par définition, bien que ces groupes soient de mieux en mieux identifiés et qu'ils disposent d'un préjugé évidemment favorable auprès des instances des Fonds sociaux, ils ne disposent que rarement de la capacité technique suffisante pour élaborer des idées de projets. C'est ainsi que la majorité des FS ont organisé des campagnes d'information, d'éducation et de communication pour aider ces groupes-cible à présenter des requêtes et à formuler des projets.

Ces contradictions ont bien été mises en lumière pour l'Amérique latine (Siri, 2000). C'est là où le bât blesse et où le facteur dimension peut intervenir car plus la masse critique d'un Fonds social est importante, plus ses chances d'atteindre durablement et de manière plus égalitaire les groupes-clé visés sont élevées.

Les subventions de la plupart des Fonds sociaux (Ebbe, Narayan, 1997), malgré des différences d'un pays à l'autre, se répartissent de la manière suivante: a) environ 90 pour cent pour les petites infrastructures de base dont les deux tiers vont aux infrastructures sociales et un tiers aux infrastructures productives, économiques et de protection ; b) 5 à 8 pour cent pour les opérations de micro-financement; et, c) 2 à 3 pour cent pour le développement des capacités. Ces chiffres s'appliquent aux 51 Fonds sociaux dans lesquels la Banque mondiale était impliquée en 1996. L'évaluation déjà citée (Rawlings et al., 2000) confirme déjà que l'accès aux écoles, aux centres de soins, à la disponibilité en eau et aux ouvrages d'assainissement par les populations-cible a été notablement accru, suite à la construction et à la réhabilitation des infrastructures correspondantes. Cela veut dire que la mission sociale des Fonds est en général remplie.

Une étude récente du BIT (van Imschoot, 2000) estime qu'en Afrique, les Fonds sociaux et les AGETIP ont un plus grand impact sur les travailleurs non-qualifiés au chômage et sur ceux qui sont sous-employés, toute ou partie de l'année. En effet, les Fonds sociaux offrent à ces groupes-cible de plus grandes opportunités en terme d'emploi et de formation sur le tas, en raison de la nature et du volume des opérations qui sont subventionnées.

A ce stade d'investigation, on peut se risquer à faire quelques constatations de portée générale sur la qualité du ciblage des Fonds sociaux et leurs effets sur les populations visées en priorité:

- le ciblage et la mesure des groupes-clé ne cessent de s'améliorer;
- la nature des projets qui constituent l'essentiel du portefeuille d'intervention des Fonds fait que ce ne sont pas exclusivement les groupes pauvres et en situation précaire qui en bénéficient mais aussi les membres plus aisés de la communauté;
- les types de projet susceptibles d'avoir un impact durable sur les populations les plus pauvres sont encore insuffisants en nombre, et surtout en volume, par rapport à l'ensemble des activités des Fonds sociaux.

Ainsi, il semble bien que les Fonds n'aient pas encore trouvé l'approche qui leur permette, malgré tout leur mérite, d'avoir un impact plus systématique sur les plus pauvres. Il est vrai qu'il ne s'agit pas de programmes de subventions à fonds perdus mais de programmes incitateurs qui doivent conduire à des effets de développement durables. Il est donc plus difficile d'en faire bénéficier les plus marginalisés. On peut cependant penser que, sans renier les méthodes actuelles, des efforts plus importants pourraient être consentis dans ce sens: premièrement, en faveur du ciblage et de sa mesure; et, deuxièmement, pour mieux équilibrer les projets productifs nécessaires au développement à long terme, et les projets plus particulièrement destinés à aider un groupe vulnérable à sortir du cercle vicieux de la pauvreté sans pour autant retomber dans l'aide sociale pure. Cette tâche est laissée à d'autres programmes d'assistance. On se gardera d'être trop critique envers les Fonds sociaux dans ce domaine car ils supportent plutôt bien la comparaison avec les programmes de lutte contre la pauvreté financés par le PNUD dont les coûts de fonctionnement demeurent assez élevés. Cette problématique s'applique aux Fonds sociaux qui ont été plus récemment mis en place en Europe Centrale et de l'Est et dans les pays de l'ex-Union Soviétique. Là aussi, même si les données manquent encore, on estime que les Fonds existants ont des retombées tangibles sur les populations pauvres, mais encore trop modestes sur les plus démunies (Goovaerts, 2000).

III.2   La création d'emplois et de revenus

De manière plus ou moins explicite, la création d'emplois et de revenus fait partie des objectifs des Fonds sociaux et des AGETIP. Dans les premières années de mise en oeuvre des Fonds latino-américains, il s'agissait d'abord de créer des emplois temporaires pour contrecarrer les conséquences des programmes de stabilisation. Mais, très vite la plupart des Fonds ont été conçus pour créer des emplois plus stables :

■ les Manuels de procédures spécifient que la sélection des infrastructures de base doit dépendre d'un ensemble de critères d'éligibilité et de rejet précis. A cet effet, le recours à des grilles de notation est recommandé. L'avantage est donné aux opérations de construction et de réhabilitation qui se prêtent le mieux à l'utilisation de la main d'œuvre, des matériaux et du savoir-faire local. L'usage de matériaux sophistiqués, généralement importés, ou la sélection de projets qui ne se prêtent pas à une conception technique propice aux méthodes à haute intensité de main-d'œuvre sera prohibée ou au mieux, mal notée. Dans cet ordre d'idée, la préférence sera donnée au recrutement de petits et moyens entrepreneurs locaux qui sont plus enclins à appliquer les méthodes requises. De plus, certains types de projets comme les périmètres d'irrigation ou les marchés locaux génèrent leur propre emploi à long terme, contrairement aux infrastructures à caractère social qui ne peuvent fonctionner que sur allocation budgétaire de l'Etat, des collectivités décentralisées et en mettant à contribution les utilisateurs;

■ les projets de micro-financement sont essentiellement générateurs d'emplois et de revenus durables. Mais, leur nombre et leur volume restent encore trop faibles dans les Fonds sociaux pour avoir un impact perceptible sur l'emploi;

■ les activités de développement des capacités concernent, entre autres, les membres des ONG, les communautés de base ainsi que les ingénieurs, techniciens et cadres gestionnaires des bureaux d'études et des PME auxquels les projets sont sous-traités. L'amélioration des compétences techniques et l'aptitude à la gestion de tous ces personnels a des effets presque immédiats sur l'emploi car, dès le stade de conception du projet, on constate une augmentation de l'utilisation des ressources locales, tant en hommes qu'en matériaux. Cet effet emploi se confirme à plus long terme par un développement de la capacité d'intervention de tous ces cadres techniques et de gestion.

| Encadré 5: | **Aperçu des principales composantes de la création d'emploi dans les petits projets d'infrastructure** |

• L'emploi à court terme correspond à la phase de construction/réhabilitation d'un projet. On distingue habituellement:

• L'emploi primaire direct qui dépend, certes, de la nature et de la dimension de l'investissement, mais surtout du choix de la technologie de construction retenue. Comme ordre de grandeur et à spécifications techniques et qualité égale, des calculs ont montré que la réhabilitation d'un kilomètre de pistes rurales au Lesotho et au Zimbabwe (Lennartson, Stiedl, 1995) coûte respectivement 37% et 7% moins cher en méthode à haute intensité de main-d'œuvre (HIMO) qu'en méthode à haute intensité d'équipement (HIEQ). Au coût économique, l'approche HIMO représente la moitié du coût HIEQ au Lesotho et 79% au Zimbabwe. Dans ces deux pays, le pourcentage de main d'œuvre utilisé représente environ 40 % du coût total pour l'approche HIMO contre respectivement 6 % (Lesotho) et 13% (Zimbabwe) pour l'approche HIEQ. Par ailleurs, le nombre de journées/travail requises en méthode HIMO pour réhabiliter un kilomètre de piste est compris entre 1500 et 5000 selon les conditions de terrain et le niveau d'aménagement dont 80% de main d'œuvre non-qualifiée. En méthode HIEQ, le temps de réalisation est de trois à quatre fois plus court ce qui n'est pas, en général, un critère important pour ce type de travaux en milieu rural. Cependant, si ce facteur doit être pris en compte, il est toujours possible de sous-traiter les travaux en plusieurs lots à trois ou quatre entreprises ;

• L'emploi primaire indirect qui se situe en amont de la réalisation et qui comprend la production et le transport des intrants nécessaires aux opérations de construction. Quand un maximum de ressources locales est utilisé (pierres, tuiles, briques, pavés, outillage fabriqué localement, etc.), ce qui est particulièrement le cas dans la construction de bâtiments, le pavage et les travaux d'assainissement en milieu urbain, cet emploi primaire indirect peut représenter de 10 à 20 % (Guérin, 1994) de l'emploi primaire direct pour ce type de travaux ;

• L'emploi induit qui résulte des nouvelles opportunités d'emploi ou de renforcement des emplois existants générés par la consommation des travailleurs des différents projets dans la zone de référence;

• L'emploi durable correspond à la phase de fonctionnement de la réalisation. En termes de nombre d'emplois créés, il est habituel de classer en tête les travaux directement productifs, suivis des infrastructures économiques ou de déblocage (par ex., pistes rurales et ponts) et enfin des investissements sociaux. Cette classification va dans le même sens que les critères de rentabilité des projets. Evidemment, les investissements sociaux créent peu d'emplois permanents en dehors de ceux liés à l'entretien et au fonctionnement qui représentent des charges récurrentes élevées pour les collectivités ou les régions. L'importance de ces investissements reste cependant primordiale car l'accès aux services sociaux de base est un élément essentiel de la lutte contre la pauvreté. D'où l'importance dans les Fonds sociaux d'arriver à un équilibre entre les différents types de projet et leur répartition géographique afin de maximiser les impacts.

Concrètement, la contribution des Fonds à la création d'emploi a été relativement modeste en Amérique latine (Siri, 2000)[9]. Cela provient en partie d'une politique délibérée de sous-traitance de l'exécution des projets par souci d'efficacité et afin de ne pas alourdir la gestion des Fonds. Cette politique est louable en soi et doit même être préconisée à condition qu'elle s'accompagne, pour les entrepreneurs, d'obligations contractuelles en faveur de la création d'emploi, notamment par le recrutement local de la main-d'œuvre non-qualifiée. Or, cela n'a pas été souvent le cas en Amérique latine. Ainsi, la part des salaires en pourcentage des dépenses totales des Fonds n'y a pas dépassé, en général, les 25 pour cent. Cela est fort peu, même pour l'Amérique latine où les travaux

---

9 Dans cette étude, l'auteur s'est livré à un calcul sur la création d'emploi dans 11 Fonds sud-américains au cours de la période 1990-1995. A part le Fonds du Honduras (0,8 pour cent), il conclut que la part des Fonds en pourcentage annuel de l'emploi dans les pays considérés a été en moyenne de 0,2 à 0,3 pour cent.

d'infrastructure à haute intensité de main-d'œuvre, sans être aussi traditionnellement utilisés qu'en Asie, sont tout de même assez connus des communautés rurales. Dans ces travaux, les coûts en main d'œuvre devraient se situer normalement entre 25 et 50 pour cent de l'enveloppe totale, selon la nature des constructions ou des infrastructures réalisées. La création d'emploi permanent a été également assez faible d'après les quelques estimations disponibles[10]. Il est vrai qu'elle provient essentiellement du développement de micro-entreprises ayant bénéficié de prêts. Or, on sait que le micro-financement ne représente que de 5 à 8 pour cent du volume d'activité dans les Fonds sociaux. Finalement, il semblerait que ce soit l'emploi durable qui ait le mieux profité des salaires et des dépenses générés par les Fonds. Une étude qui remonte à 1989[11] indique que 22.000 emplois auraient été créés, conséquences de l'expansion économique suscitée par le Fonds bolivien d'urgence sociale.

Encadré 6: **Indicateurs de création d'emploi dans le FID II à Madagascar et le PNAS au Rwanda**

Madagascar (de juillet 1996 à juillet 1998): 1.773.791 journées/travail, soit environ 8.000 années/travail d'emplois temporaires, à comparer aux 345 emplois permanents créés annuellement à partir d'activités de micro-financement, génératrices de revenus. A noter que le coût de création d'un emploi à caractère permanent est 3,5 fois plus élevé;

Rwanda (de 1995 à 1998): 630.000 journées/travail, soit environ 2.625 années/travail d'emplois temporaires, à comparer aux 200 emplois permanents par an dérivés d'activités génératrices de revenus. Dans ce pays, le coût de création d'un emploi permanent est 5 fois plus élevé.

Il est difficile de trouver des Fonds sociaux en Afrique où l'impact des différentes activités sur la création d'emploi a été analysé en détail. Les données qui sont fournies dans l'encadré 6 concernent Madagascar et le Rwanda où on constate une importante création d'emplois, surtout de nature temporaire. Même constat dans le Fonds social égyptien où on

---

10 Par exemple, au Pérou, la proportion de travailleurs du secteur de la construction ayant trouvé un emploi après leur passage dans le FONCODES (Fondo Nacional de Compensacion y Desarollo Social) n'aurait pas dépassé 2,8 pour cent selon un rapport de consultant à la Banque interaméricaine de développement (Moncado Vigo G., 1997, p.212).

11 Il s'agit des résultats d'un modèle d'équilibre général de l'économie bolivienne fait en 1989 sur l'impact du Fonds social d'urgence.

estimait en 1997 que 50.000 à 70.000 emplois étaient créés annuellement (Kheir-El-Din, 1997).

Dans les AGETIP, la création d'emplois reste un objectif important, même s'il a évolué au fil des années. Le critère prédominant des premières années, qui faisait de l'emploi à court terme l'objectif déterminant de ces agences, s'est fondu dans un ensemble plus large. Les municipalités sont de plus en plus sensibles à la rentabilité marchande des projets et à leur impact sur le développement durable. Dès lors, le choix des projets n'est plus uniquement fondé sur les diverses formes de création d'emploi qu'on peut en attendre. Pourtant, l'exemple de NIGETIP tendrait à prouver que cet objectif demeure significatif dans ce type d'agences.

Encadré 7: La création d'emploi dans l'agence NIGETIP

Au Niger, NIGETIP constitue le volet urbain du Projet de réhabilitation des infrastructures (PRI) qui finance l'exécution des travaux confiés à cette agence. Un objectif important y est la création d'emplois avec comme indicateurs respectifs, le pourcentage du coût des infrastructures dépensé sous forme de salaires et, le nombre de journées de travail créé. Les Maîtres d'œuvre sont chargés d'enregistrer ces données. Ainsi pour les années 2000 et 2001, le pourcentage du coût de la main d'œuvre par rapport aux dépenses totales se montait à environ 26 % ce qui est un pourcentage relativement élevé compte tenu du type de travaux exécutés par cette agence.

NIGETIP utilise aussi beaucoup de matériaux locaux produits en dehors des chantiers et qui à leur tour nécessitent une main d'œuvre locale pour leur fabrication (menuiserie métallique et bois, gravier, sable, etc.). Cette agence consigne donc aussi le pourcentage de matériaux locaux utilisés par les projets qu'elle subventionne. Pour les années 2000 et 2001, ce pourcentage s'établissait à 33%. Si on estime le pourcentage des coûts de main d'œuvre dans le coût total de ces matériaux locaux à 25%, cela fait monter la part de la main d'œuvre dans le coût total aux alentours de 34%, sans compter la main d'œuvre induite dans les autres secteurs de l'économie nationale concernés.

Par contre, les statistiques qui concernent le nombre de journées de travail sont moins fiables. De plus, on ne dispose pas de renseignements sur la répartition des salaires entre hommes et femmes, ni entre les différentes catégories de travailleurs. Ces données seraient évidemment très utiles pour évaluer l'impact sur la pauvreté des projets mis en œuvre par cette AGETIP.

Malgré le caractère assez récent des Fonds sociaux en Europe Centrale et de l'Est et en ex-Union Soviétique, il semblerait que la création d'emploi y soit très faible. Cela tient à l'héritage soviétique, marqué par la mécanisation à outrance et la pléthore d'équipements de travaux publics. Dans ces économies encore très mécanisées, on constate toujours une certaine réticence à l'égard des travaux à fort coefficient de main-d'œuvre. De plus, le coût d'utilisation des machines reste attractif et la rentabilité des méthodes de construction intensives en main d'œuvre n'y est pas toujours démontrée. Alors que les Fonds sociaux y sont par ailleurs très appréciés, il faut reconnaître qu'ils utilisent fort peu de main-d'œuvre non qualifiée. Cela est contradictoire avec leur vocation qui est bien de cibler les groupes les plus pauvres. Le Fonds social créé en Arménie en 1998 constitue une bonne illustration de ce paradoxe (Goovaerts, 2000).

Les FS sont dotés d'un système informatisé de gestion et de suivi des différentes activités qui établit un lien entre les dépenses et les produits créés. Ce système permet, entre autres, d'avoir une bonne idée de l'emploi direct créé. Toutefois, il faut reconnaître que pour estimer correctement le nombre d'emplois permanents créés et induits par les réalisations des Fonds, des études particulières sont requises. A notre connaissance, aucune étude spécifique de ce type n'existe. Il est, toutefois, intéressant de mentionner les résultats de l'étude menée il y a quelques années à Madagascar (Razafindrakoto, 1999). Ce pays a développé un modèle macro-économique simple de l'économie malgache afin de simuler l'impact de l'ensemble des investissements à haute intensité de main-d'œuvre et de capital, respectivement. Bien que cette recherche ait dépassé le simple cadre du FID et de l'AGETIPA , elle a montré que pour la période 1990-1995 les projets à haute intensité de main-d'œuvre avaient créé deux à trois fois plus d'emplois que les projets réalisés par des méthodes plus conventionnelles. De même, les PME et les bureaux d'études locaux qui bénéficient des marchés de construction et des contrats d'études lancés par ces deux Fonds sociaux ont rarement fait l'objet d'évaluations qui permettent de déterminer les retombées sur l'emploi, à la fois de l'octroi des marchés à ces opérateurs et de la formation qui leur est dispensée en parallèle.

Indéniablement, l'emploi a été un objectif important des premiers Fonds sociaux en Amérique latine, surtout pour faire face au reclassement des travailleurs, victimes des programmes de réforme économique (Wurgraft, 1995). D'ailleurs, il demeure une priorité dans les Fonds sociaux de Bolivie[12] et du Mexique. C'est aussi vrai dans les Fonds égyptiens et malgaches où le BIT a été largement impliqué à partir de 1993. De même, il demeure un objectif-clé dans les AGETIP même si certaines d'entre elles n'y attachent plus la même importance que par le passé. Globalement, les objectifs de création d'emploi semblent avoir perdu de leur importance dans les Fonds sociaux de la deuxième génération. Toutefois, les exemples fournis dans ce document incitent à tempérer ce jugement. Cependant, quand l'impact sur l'emploi existe, il est parfois difficile à démontrer étant donné le manque de données chiffrées fiables. Cette situation est aussi compliquée par le manque de temps dont disposent les cadres des FS pour vérifier les données sur l'emploi dans les projets que les partenaires-relais et les bureaux d'études leurs font parvenir.

III.3   Les retombées sur la situation des femmes

Les indicateurs sociaux montrent que les femmes sont encore plus exposées que les hommes aux privations et à la pauvreté et qu'avec le passage des ans ces disparités s'accentuent encore. Elles représentent 70 pour cent des 1,3 milliards de personnes qui se trouvent au-dessous du seuil de pauvreté absolue dans le monde. On note que plus de 80 pour cent des hommes en âge de travailler sont économiquement actifs, contre seulement 55 pour cent de femmes[13]. La population féminine constitue donc un réservoir de capacités et de talents encore insuffisamment mis en valeur. En Amérique latine, les femmes ont été particulièrement affectées par les récessions économiques qui se sont succédées dans les années 80 ainsi que par la baisse des budgets sociaux qui en a été le corollaire. Dans cette région du monde, le pourcentage de femmes chef de famille est de 20 pour cent. Certes, ces dernières années les femmes ont été de plus en plus encouragées à

---

12 En Bolivie, le Fonds d'urgence a fait progressivement place au Fonds d'investissement social où des objectifs d'emploi diversifiés sont bien identifiables.
13 Selon le Rapport sur le Développement humain, PNUD, 2000.

rechercher une activité en dehors du foyer, ce qui a considérablement augmenté leur taux de participation. Malheureusement, elles occupent trop souvent des emplois peu productifs et sous-payés (ECLAC, 1998) dans le secteur informel. La situation des femmes est encore moins enviable en Afrique où leur taux d'occupation dans le secteur formel est le plus bas du monde alors qu'elles sont majoritaires dans le secteur informel. En plus, elles occupent essentiellement des emplois agricoles peu rémunérés et très précaires. Comme dans d'autres régions du monde, les femmes ont beaucoup souffert des programmes de réforme économique. En Afrique, elles sont aussi particulièrement peu informées de leurs droits fondamentaux. De plus, elles sont souvent les plus affectées par les conséquences des nombreux conflits qui ensanglantent ce continent depuis longtemps. Finalement, la féminisation de la pauvreté est peut-être le trait le plus préoccupant de la condition féminine en Afrique.

Au vu de l'extrême précarité de la situation des femmes, il n'est pas étonnant que les Fonds sociaux aient placé ce groupe parmi les cibles prioritaires de leurs interventions. Reste à savoir si la pratique a répondu aux intentions et si les femmes participent aux prises de décision, si elles sont employées dans les projets réalisés au titre des Fonds et si elles en bénéficient ultérieurement. L'analyse qui suit s'appuie largement sur les conclusions du Programme mis en œuvre par le BIT en 1996-97[14] pour évaluer les effets spécifiques des Fonds sociaux sur les femmes.

On a déjà dit qu'environ 90 pour cent des subventions allouées par les Fonds étaient concentrées sur la construction d'infrastructures de base, dont environ deux tiers de réalisations à caractère social et que les projets de micro-financement ne recueillaient que de 5 à 8 pour cent des financements. Toutes choses égales par ailleurs, cette répartition a des conséquences négatives pour les femmes. En général, ce sont surtout les hommes qui obtiennent les emplois, certes temporaires, dans les travaux de construction. Ceci est souvent considéré comme normal dans le secteur du BTP, étant donné la pénibilité des tâches. Alors que cette idée

---

14 BIT, Social Funds: Employment and Gender Dimensions: Report on the Technical Brainstorming Workshop, Geneva, 1998. Cette réunion a surtout dégagé les conclusions des résultats de sept études de cas, réalisées respectivement en Bolivie, Egypte, Honduras, Madagascar, Mexico, Pérou et Zambie.

est loin d'être partagée par les femmes, leur opinion est aussi rarement sollicitée sur le choix des projets les plus nécessaires car elles sont chroniquement sous-représentées dans les organes de décision villageois. De plus, leur accès équitable aux bénéfices générés par les infrastructures sociales, par exemple les écoles et les centres de soins, n'est pas automatiquement garanti. Dans cet ordre d'idée, les frais d'éducation, s'ils sont les mêmes pour les garçons et pour les filles[16], encouragent les familles à faible revenu à donner priorité aux garçons pour des raisons culturelles et financières. Il est sûr qu'une meilleure répartition du choix des projets dans lesquels les femmes auraient leur mot à dire permettrait une augmentation des bénéfices des réalisations à leur profit. Par exemple, dans certains Fonds sociaux, comme celui du Yémen, la priorité est donnée à la construction d'écoles séparées pour les filles afin d'inciter les parents à envoyer celles-ci à l'école. D'un autre côté, il faut reconnaître que d'autres types de projets, répandus dans la plupart des Fonds sociaux, bénéficient a priori plus aux femmes qu'aux hommes. C'est le cas des projets d'approvisionnement en eau et d'assainissement dont les avantages sont multiples: distance parcourue réduite pour trouver de l'eau et donc gain de temps pour les femmes, bien souvent, ainsi qu'une meilleure salubrité. De même, pour la construction de marchés couverts qui améliorent l'hygiène et leur permettent de mieux écouler leurs produits.

L'encadré 8 décrit les expériences de deux pays, Madagascar et le Rwanda, où des mesures concrètes ont été prises pour faire participer les femmes les plus démunies à des travaux d'infrastructure, de réhabilitations diverses et de nettoyage.

Les Fonds sociaux se caractérisent par une sélection des projets qui est négociée avec les bénéficiaires. Par définition, une telle approche suggère que les besoins des femmes, entre autre groupes-cible, soient mieux pris en compte. En fait, ces dernières n'ayant souvent que peu de voix au chapitre et peu habituées à s'exprimer au sein des collectivités

---

15 SECALINE: Sécurité alimentaire et nutrition. Se référer au rapport de fin d'exécution, République de Madagascar, Banque Mondiale, crédit 2474/MAG, 1999.

16 Ces constatations sont ressorties d'une discussion entre les représentants de plusieurs Fonds sociaux réunis par le BIT à l'occasion du séminaire organisé du 29 septembre au 1er octobre 1997 à Genève sur les implications des Fonds sociaux pour les femmes (Social Funds Employment and Gender Dimensions : Technical Brainstorming Workshop).

Encadré 8: Travaux d'aménagement urbain réservés aux femmes les plus démunies

A Madagascar, une composante du projet SECALINE[15] dont le Fonds d'Intervention pour le Développement faisait initialement partie, appelée "Travaux HIMO Urbains", a été conçue spécialement par le BIT et par le PAM, en liaison avec le Gouvernement et la Banque mondiale, pour cibler les femmes pauvres de la capitale, souvent chef de ménage. Les travaux ont consisté principalement en curage des canaux d'assainissement dans les bas quartiers de la capitale, en nettoyage des terrains et des étangs, et en d'autres petits aménagements en ville. Le ciblage a été obtenu principalement par un paiement en vivres et non en argent : les hommes étant plus sensibles que les femmes à une rémunération en espèces. La valeur de la ration alimentaire était équivalente au salaire minimum avec une limitation des heures de travail à cinq heures par jour afin que les femmes puissent s'occuper aussi de leurs tâches domestiques ou exercer d'autres petits métiers. En quatre ans, de 1993 à 1997, approximativement 1,3 millions de jours de travail ont été générés, dont 70% ont bénéficié aux femmes les plus démunies.

Le deuxième cas concerne le Programme national d'actions sociales (PNAS) au Rwanda. Ce Fonds a été restructuré après les événements de 1994. De nombreux emplois dans la construction de bâtiments ont été confiés à des femmes par manque d'hommes, donc plutôt par la force des choses que par volonté délibérée. Dans ce Fonds, 20 à 30% des emplois ont été occupés par des femmes au même barème que les travailleurs masculins.

---

locales se retrouvent dans une situation où leur avis et leur participation ne sont guère sollicités dans ce processus. Ce sont donc les maris, les pères ou les notables villageois qui représentent le groupe. Ainsi, dans la majorité des Fonds sociaux, on a pu isoler les principaux facteurs qui compliquent la tâche des femmes quand elles veulent faire valoir leurs préférences. Il s'agit: des valeurs socio-culturelles prévalentes dans le milieu; d'un faible niveau d'alphabétisation; de difficultés à pouvoir communiquer et s'exprimer en public; d'un statut social souvent très bas; du droit que s'arrogent les hommes de s'exprimer au nom de toute la communauté; de complexes quant à leur capacité d'exprimer un point de vue et de gérer une réalisation; et, de l'écran interposé par les partenaires-relais ou les Comités de projet entre les femmes et les représentants des Fonds sociaux.

Face à ce constat, les FS ont commencé à prendre un certain nombre d'initiatives qui visent à mieux promouvoir la participation des femmes dans l'éventail de leurs activités. Ainsi, en Zambie, un système de quotas a été mis en place afin de permettre une meilleure représentation des femmes dans les Comités avec lesquels le Fonds social négocie. Au

Yémen[17], des projets d'épargne et de crédit et des activités génératrices de revenus conçus spécialement pour les femmes ont été aussi mis en place. Fin 1999, 48 pour cent des clients destinataires des projets de micro-financement étaient des femmes.

Les exemples donnés ici montrent que dans un contexte peu favorable à la promotion féminine les Fonds sociaux prennent conscience de l'ampleur de la tâche à accomplir. De plus en plus d'efforts sont faits dans ces institutions pour favoriser la participation des femmes au cycle des projets. Mais, en dépit de ces tentatives, les Fonds se heurtent aux résistances du milieu, et les résultats acquis dans ce domaine restent fragiles. Il faut bien admettre que les femmes sont toujours victimes de sévères discriminations. Il leur est difficile de faire valoir leurs préférences et encore moins leurs droits. Elles ne bénéficient pas suffisamment des bénéfices des projets. Comme on va le voir, la multiplication de projets de micro-financement pourrait contribuer notablement à renforcer leur rôle et les avantages qu'elles pourraient retirer des Fonds sociaux.

III.4   Les opérations de micro-financement

Les institutions de micro-financement[18] ont pour mission d'offrir des services financiers, de crédit et d'épargne aux personnes particulièrement nécessiteuses. Elles ont vocation de créer des emplois et des revenus durables et de faciliter l'insertion économique et sociale des bénéficiaires. Il n'est donc pas étonnant qu'un certain nombre de Fonds sociaux aient fini par intégrer ce type d'opérations dans leur dispositif de financement. On a vu au Chapitre II comment les Fonds peuvent s'associer à des partenaires-relais, capables de gérer un micro-financement pour faciliter la réalisation de petits projets générateurs de

---

17 Rapport annuel 1999, Fonds social pour le développement, République du Yémen.
18 Les activités de micro-financement sont nées de l'initiative d'ONG spécialisées et de banques commerciales telles que la BRI-Unit Desa (Indonésie), la Grameen Bank (Bangladesh), K-Kep (Kenya) et Prodem/BancoSol (Bolivie). Ces institutions ont démontré que les populations traditionnellement exclues du secteur financier formel peuvent en réalité constituer un créneau pour des services bancaires novateurs et commercialement viables. Les institutions qui réussissent sont surtout des organisations locales, capables de toucher un nombre substantiel de pauvres, et commercialement compétitives (selon le CGAP, 1998 : Groupe consultatif d'assistance aux plus pauvres qui est rattaché à la Banque mondiale).

revenus au profit de promoteurs, de communautés ou d'individus directement. Il s'agit bien là de la vocation des opérations de micro-financement qui est de développer les compétences des travailleurs indépendants, de financer les initiatives communautaires génératrices de revenus ou d'encourager la création/développement de petites entreprises.

Dans les années 80, les opérations de micro-financement ont progressivement commencé à revêtir les formes qui les caractérisent maintenant. On a alors pu constater que les populations qui n'avaient pas accès aux filières classiques du crédit avaient besoin, malgré tout, qu'on leur propose un ensemble de services financiers diversifiés. Cette évolution s'est accompagnée d'une plus grande exigence en matière de remboursement et de paiement de taux d'intérêt. Egalement, un effort a été fait pour cibler les populations qui autrement devaient rechercher leurs sources de financement dans le secteur informel avec tous les risques qui pouvaient en résulter, dont l'usure.

Sur la base d'une évaluation réalisée par la Banque mondiale (1997), 15 Fonds sociaux incluaient des activités de micro-financement dans l'éventail des activités subventionnées. A noter qu'ils étaient pour moitié situés en Amérique latine et en Afrique. Seulement 6 des Fonds concernés utilisaient alors 20 pour cent des ressources financières fournies par la Banque mondiale à des opérations directes de micro-financement. Cela est modeste quand on sait que ces petits projets créateurs de revenus et de capacités constituent l'un des moyens les plus efficaces de susciter des emplois durables. Quoiqu'il en soit, les conclusions de cette évaluation méritent d'être rappelées:

- la plupart des Fonds sociaux étudiés ne sont pas en mesure d'appliquer ou de faire appliquer correctement les règles que l'on attend normalement d'une institution de micro-financement qui fournit des services financiers à une population particulièrement vulnérable. D'ailleurs, ce ne serait pas leur rôle, d'après l'évaluation;
- les Fonds ne peuvent pas se préoccuper, en règle générale, du développement des capacités financières des institutions de micro-financement existantes. Autant que possible, ils doivent se limiter à la recherche de partenaires-relais dans ce domaine, indépendamment des circuits qui pourraient déjà exister et avec lesquels ils pourraient collaborer.

Ces conclusions semblent assez sévères et peu appropriées. Elles sont relativement contredites par des travaux de recherche réalisés par le BIT, sensiblement à la même époque, toujours dans le cadre du Programme sur la participation des femmes dans les Fonds sociaux. Ces travaux ont déterminé que:

■ les Fonds sociaux ne prêtaient pas directement mais passaient par des intermédiaires tels que Banques villageoises, ONG ou coopératives;

■ les crédits étaient établis aux taux du marché afin d'encourager un meilleur remboursement sachant que les sources alternatives de crédit ne sont pas aussi avantageuses. Les remboursements étaient excellents dans l'ensemble. Ainsi, en 1997, les taux de remboursement dans les Fonds sociaux du Chili (FOSIS), du Honduras (FHIS), du Guatemala (FIS) et du Pérou (FONCODES) variaient entre 94 et 97 pour cent;

■ la plupart des emprunteurs étaient plus pauvres que ceux qui pouvaient solliciter des prêts plus importants auprès des banques commerciales. Les opérations de micro-financement étaient le plus souvent suivies de programmes de développement de micro-entreprises axées sur la formation, le transfert de technologies, les conseils en marketing et la gestion des affaires.

En Amérique latine, tout au moins, on a constaté que les opérations de micro-financement appuyées par les Fonds sociaux avaient un impact réel sur l'augmentation des revenus mais plus faible sur la création d'emplois. Tel n'est pas le cas du Honduras où les 5 pour cent des ressources du Fonds (Del Cid, 1997) allouées à ce type d'interventions ont créé 10 pour cent des emplois permanents attribuables au Fonds. Dans le Fonds social égyptien (Keir-El Din, 1997), le Programme de développement des entreprises avait généré en 1996 plus de 60 pour cent des emplois permanents du Fonds et quelque 55 pour cent des emplois temporaires. D'ailleurs ce sous-programme a servi d'amorce à un Programme de dimension nationale qui n'existait pas encore dans ce domaine en Egypte. On note que dans ce même contexte, environ 40 pour cent des bénéficiaires des prêts du Fonds social égyptien sont des femmes et qu'au Honduras ces dernières constituent 80 pour cent des membres des Banques communautaires aidées par le Fonds.

Ce tour d'horizon a montré que les Fonds sociaux sont intervenus, en général, de manière assez discrète dans les opérations de micro-financement destinées à favoriser la création d'emplois et de revenus. Dans les cas exceptionnels, comme en Egypte, où ils se sont impliqués vigoureusement dans de telles actions, ils y ont indéniablement rencontré un certain succès, autant en termes de créations d'emplois durables que d'activités de promotion des femmes. Dès lors, on peut s'interroger sur le bien fondé des conclusions de l'évaluation faite par la Banque mondiale, résumée ci-dessus. Cette évaluation s'est concentré, non pas sur les résultats atteints, mais plutôt sur le fait que les Fonds ne seraient pas qualifiés pour entreprendre ce type d'activité. Or, cette affirmation est contredite par les faits. Au contraire, on pourrait effectivement envisager d'inclure dans les activités de développement des capacités dévolues aux Fonds, la formation d'institutions locales de crédit pour qu'elles améliorent leurs performances. Finalement, les quelques expériences des Fonds sociaux dans le domaine du micro-financement tendent à démontrer qu'ils peuvent valablement suppléer à des déficiences ponctuelles dans ce domaine au niveau d'un pays ou plus vraisemblablement d'une région. Cela ne veut pas dire qu'ils doivent concurrencer ces institutions quand elles existent. Il est dommage que le volume d'activité globalement affecté par les Fonds sociaux aux opérations de micro-financement soit si faible, au vu des résultats atteints. Qui plus est, cette activité est reproductible puisque les financements effectués sont recyclables par les Fonds. C'est donc un bon moyen de pérenniser l'utilisation des prêts internationaux concessionnaires ou les dons des bailleurs de fonds qui ne sont pas inépuisables.

III.5 Le développement des entreprises locales de construction

On a vu que les Fonds sociaux s'appuyaient sur des partenaires relais pour réaliser les travaux de construction ou de réhabilitation. Il s'agit le plus souvent de petites entreprises locales et parfois, beaucoup plus rarement, de collectivités ou d'ONG qui disposent des compétences nécessaires. En ce qui concerne les AGETIP, elles agissent comme maître d'œuvre délégué des municipalités. C'est-à-dire qu'elles reçoivent mandat de ces dernières pour recruter et superviser les bureaux d'études et les petites entreprises chargées des travaux.

Comme les Fonds sociaux interviennent beaucoup dans des zones particulièrement démunies et difficiles d'accès, il est fréquent qu'ils ne puissent disposer sur place d'un tissu de petites entreprises et de bureaux d'études capables de répondre correctement à un appel d'offres et d'exécuter les travaux conformément aux spécifications. Les Fonds sociaux ont été confrontés à ce problème depuis leurs débuts et n'ont pu vraiment commencer à y faire face qu'à partir de 1992-93. A ce moment là, sous l'influence des AGETIP mais aussi du Fonds d'intervention pour le développement malgache[19], les Fonds ont commencé à se doter de Manuels de procédures et des moyens leur permettant de former ces petites entreprises.

En Amérique latine, l'expérience des Fonds a été très variable en ce qui concerne le choix des partenaires-relais. Dans le Fonds bolivien, jusqu'en 1996 les opérations de construction et réhabilitation d'infrastructures (Contreras, 1997) se répartissaient entre les communautés villageoises et les entreprises à raison de 30 et 70 pour cent respectivement. A noter que ces entreprises, de taille variable, n'étaient pas forcément issues du terroir. Au Honduras (Del Cid, 1997), l'essentiel des travaux d'infrastructures, qui représentent d'ailleurs 95 pour cent du volume des activités du Fonds de développement social, est réalisé à l'entreprise et à un moindre degré par des ONG qui disposent

---

19 La conception du FID à Madagascar et de tous ses Manuels de procédures avait été confié au BIT par la Banque mondiale.

des compétences nécessaires. Beaucoup d'autres Fonds se sont axés prioritairement sur la fourniture de services sociaux variés et se sont alors plutôt appuyés sur les collectivités locales. Il ne semble pas que les Fonds latino-américains aient développé des activités de formation au profit des tâcherons, des bureaux d'études ou de petites entreprises locales qui puissent les préparer à leurs tâches de gestion et d'administration des contrats d'une part, et à la conception et l'exécution des travaux selon des méthodes intensives en main-d'œuvre et en matériaux et ressources locales, d'autre part. Cela peut contribuer à expliquer le faible impact de ces Fonds sur l'emploi; leurs instigateurs étant d'ailleurs a priori plus concernés par la dimension purement sociale de ces institutions.

D'un côté, on entend dire que trop faire appel aux entreprises c'est courir le risque de se couper de l'appui des communautés locales au stade de l'entretien et du fonctionnement des infrastructures mises en place. De l'autre, il est vrai que recourir à des groupements communautaires peu qualifiés pour superviser les travaux, c'est courir le risque encore plus grand de ne pas voir aboutir les projets. La vérité est que des dispositifs de formation adaptés doivent être mis en place pour que les bénéficiaires puissent être associés à l'avancement des travaux et se présenter dans de meilleures conditions à la prise en charge des réalisations.

En Afrique, ce sont les AGETIP qui ont popularisé le recours quasi-systématique à l'entreprise pour l'exécution des travaux. Pourtant, et surtout au début, ces agences se sont heurtées à de nombreuses difficultés car souvent elles n'avaient pas pris le temps nécessaire à la formation de ces petites entreprises. Malgré cela, l'impact des AGETIP sur le secteur du BTP et en particulier sur les petits entrepreneurs et les bureaux d'études utilisés est déjà significatif. L'exemple de ces agences a d'ailleurs incité d'autres bailleurs de fonds à mettre en place des mécanismes similaires.

En 1996, l'AGETIP du Burkina Faso, FASO BAARA, a pris un certain nombre de mesures pour limiter la liste des entreprises éligibles à partir de critères techniques très stricts qui permettent de les classer en différentes catégories. Cela a permis de mieux déterminer leurs aptitudes. En 1999, un atelier organisé conjointement par le BIT et AFRICATIP a mis en évidence les besoins de formation des AGETIP. C'est ainsi que l'AGETIP du Sénégal a spécifiquement sollicité un appui qui lui permette de former de manière exhaustive le personnel des petites entreprises et des bureaux d'études avec lesquels elle travaille. C'est dire l'ampleur du rattrapage à effectuer malgré les efforts déjà entrepris dans un certain nombre de cas. Recourir aux entreprises du secteur privé est en soi un premier pas positif mais renforcer leurs capacités, surtout dans le domaine de l'utilisation des techniques HIMO, demeure un objectif essentiel. Il est indispensable à leur viabilité et à leur survie. Il importe que ce recours au secteur privé s'accompagne de coûts compétitifs et d'un niveau de qualité suffisant des travaux réalisés, sous peine de compromettre le choix de cette approche.

Deux Fonds sociaux ont été amenés à prendre tout un ensemble de mesures destinées à faciliter non seulement l'émergence mais aussi le développement des compétences de petites entreprises locales. Au Rwanda, le Programme national d'actions sociales (PNAS), mis en place en 1993, a été reformulé après la guerre en 1994 afin d'aider le pays à redémarrer un ensemble d'activités économiques et sociales à base de réhabilitation de petites infrastructures essentielles. Il faut dire qu'après le génocide, la majorité des petites entreprises avait disparu, soit parce que leur personnel avait été tué au cours du conflit ou que leurs équipements avaient été volés. Après enquête auprès des rares entreprises encore en activité localement, ce Fonds a décidé de les aider à se reconstituer en leur confiant la conception et l'exécution de son programme d'infrastructures. Il s'est également attaché à faciliter la création d'un tissu de nouvelles entreprises. Les résultats atteints sont résumés dans l'encadré 9.

Le développement des petites entreprises est une activité importante du Fonds malgache dans lequel la formation a joué un rôle primordial. En 1999, l'évaluation qui en a été faite a permis de mettre en évidence les effets positifs du Fonds dans ce domaine:

Encadré 9: Comment le PNAS au Rwanda a su stimuler l'émergence et le développement de petites entreprises de construction après le conflit de 1994

Au cours de la période juillet 1995 à juin 1998, le PNAS a conclu 223 contrats de travaux d'infrastructures très divers avec 112 petites entreprises pour environ 10 millions de dollars. Le nombre maximum de contrats signés avec une entreprise n'a pas été supérieur à 8 et la valeur d'un marché n'a pas dépassé 45.000 $. 85 contrats ont également été attribués pour la fourniture d'équipements scolaires. Ces contrats ont été répartis entre 49 entreprises, ateliers et associations de charpentiers pour environ 1,17 million de dollars. Le nombre de contrats par fournisseur a été limité à 5 pour un montant moyen de 13.500 dollars des Etats-Unis.

En ce qui concerne la conception et la supervision des travaux, un total de 53 contrats pour une valeur de 670.000 dollars a été conclu au profit de 13 bureaux d'études locaux. De même, 61 contrats ont été passés avec 8 ONG agissant comme intermédiaires dans le cadre de certaines activités communautaires. Afin de réduire ce type de coûts, les contrats passés avec ces bureaux d'études étaient de 2 à 10 projets dans la foulée. En moyenne, les coûts de conception et de supervision se sont élevés à 7,7% du total, ce qui est très raisonnable.

Cette émergence de petites entreprise a été renforcée par des activités de formation dans le domaine de la gestion d'entreprise et l'utilisation des technologies appropriées de construction (bâtiments, pistes rurales et adductions d'eau).

- augmentation du personnel permanent employé par ces entreprises;
- investissements substantiels réalisés dans les achats d'équipement afin de développer leur capacité;
- amélioration sensible de leur aptitude à la gestion aussi bien sur le plan comptable que les conditions de travail du personnel;
- renforcement des compétences techniques, particulièrement visible dans la gestion des chantiers;
- passage de certaines entreprises du secteur informel au secteur formel, dès lors qu'elles sont aptes à adopter un système comptable et à respecter tant la législation fiscale que celle du travail.

Malgré leurs progrès, ces entreprises restent fragiles et doivent encore faire face à un certain nombre de difficultés, telles que: des carnets de commandes irréguliers et encore trop dépendants des activités du FID; et, un accès encore difficile au crédit bancaire étant donné leur vulnérabilité.

Il est intéressant de mentionner le cas du Fonds social arménien lancé en 1995. Dès la deuxième année, de 10 à 15 petites et moyennes entreprises locales participaient aux appels d'offres pour la réalisation de 40 à 50 projets. Au bout de 5 années, la presque totalité des petites entreprises de construction du pays, de l'ordre de 400 à 500, avaient cette possibilité. Parallèlement, le Fonds social mettait en place un dispositif de formation axé sur les documents d'appel d'offres. Cette formation se faisait dans le cadre de réunions de "pré-appel d'offres". Progressivement, l'organisation de ces appels d'offres a été établie conjointement par le Fonds social et les communes. On notera que le FS a toujours gardé le contrôle de fait de la procédure d'attribution des marchés. Il a également mis en place un système de suivi des chantiers et de paiement des travaux. A cette fin, environ 250 petites entreprises ont été formées.

En règle générale, pour que le tissu des bureaux d'études et des petites entreprises locales se développe, il importe que les Fonds sociaux soient capables de mettre en route toute une série de mesures, telles que:

- la production de Manuels de procédures avec des modalités d'appels d'offres favorables au recrutement des petites entreprises de proximité;
- l'organisation de cours de formation axés sur les technologies de construction à haute intensité de main d'œuvre;
- la mise en place d'un ensemble de dispositifs d'appui facilitant l'accès au micro-financement pour les achats d'équipement;
- l'application de procédures permettant le paiement rapide des tranches de travaux; et
- la division des marchés de travaux en petits lots plus accessibles aux capacités des petites entreprises ciblées.

On a vu que quand ces mesures étaient appliquées, les résultats pouvaient être impressionnants. Au contraire, le laisser-faire pouvait avoir des conséquences nuisibles, par exemple, quand les travaux sont confiés à de grosses entreprises extérieures aux zones d'intervention des Fonds, peu soucieuses de création d'emploi et encore moins de recruter une partie de la main d'œuvre sur place. On constate que plusieurs des politiques volontaristes qui ont abouti à des résultats tangibles dans un certain nombre de Fonds (Egypte, Madagascar, Rwanda, entre autres) ont été mises en place avec l'appui du BIT. Il est dommage de constater que les politiques préconisées actuellement dans la plupart des Fonds sociaux, y compris dans les AGETIP, n'insistent pas assez sur la mise en place du type de mesures exposées ci-dessus. Elles consistent plutôt à adjuger les contrats de travaux au moins disant sans trop se préoccuper du développement de l'industrie locale de la construction, c'est-à-dire l'émergence et la consolidation d'un tissu de PME compétentes réparties sur tout le territoire. Cela demanderait évidemment un ensemble de mesures dont l'application de procédures de passation des marchés différentes de celles utilisées actuellement et la mise en oeuvre d'un programme de structuration du secteur avec l'appui actif des AGETIP. Il s'agirait d'aider les associations professionnelles de PME et de bureaux d'études à se mettre en place et à développer leurs capacités. Ces associations pourraient aussi être utilisées pour la réalisation de programmes de formation, pour l'offre d'assurances et de cautions mutuelles et pour l'adoption de règles et de normes uniformes dans ce secteur.

En fait, cette approche se dessine déjà dans quelques projets des AGETIP financés par des bailleurs de fonds tels que la KFW, l'ACDI ou l'AFD. Ces bailleurs de fonds acceptent la mise en œuvre de procédures qui favorisent l'offre du mieux disant de préférence à celle du moins disant tout en mettant plus souvent en place des programmes de formation. C'est ainsi que la KFW a financé des volets formation pour le compte de FASO BAARA (AGETIP du Burkina Faso) et pour NIGETIP. La KFW est maintenant le principal bailleur de fonds de ces deux AGETIP, devant la Banque mondiale. Il semblerait qu'elle ait une approche plus pragmatique et globale qui viserait à l'obtention de résultats plutôt qu'à la mise en place de procédures contraignantes. Elle accepterait plus volontiers des procédures de gré à gré ou fondées sur la sélection d'une liste restreinte pour la désignation des entreprises, contrairement à la Banque mondiale. Apparemment, il en résulterait moins d'entreprises défaillantes ou mises sous tutelle dans les projets financés par ce bailleur que dans ceux de la Banque mondiale.

CHAPITRE 4

Des bénéficiaires de plus en plus sollicités

IV.1   La participation communautaire

Par excellence, les organisations communautaires sont les relais de la promotion et du développement des initiatives locales, à la base de la participation des populations. Il s'agit d'organismes très divers: association d'usagers d'un même service, groupement de producteurs, coopératives, cercles de femmes, ONG, voire groupes de pression décidés à faire valoir leurs droits ou leurs aspirations (Ghai et Vivian, 1992). Ces organismes peuvent s'inscrire dans des stratégies de défense d'agriculteurs et développer une certaine autonomie, renforcer leur assise sociale et négocier leurs intérêts, notamment avec l'administration régionale. Ils peuvent alors jouer un rôle moteur dans le lancement de programmes d'action en matière d'investissement, de formation, d'épargne et de crédit, par exemple, et faire pression pour que des services, des ouvrages ou des infrastructures mis en place reviennent bien aux populations concernées (Garnier, Majeres, 1992). D'autres, en revanche, liés aux pouvoirs politico-administratifs locaux, auront recours à des réseaux clientélistes dans leurs rapports avec l'administration afin d'obtenir des avantages ou des financements, dont ceux des organismes de coopération ou des ONG.

Il est donc normal que les Fonds sociaux aient prévu de s'appuyer sur les communautés locales et aient essayé d'en faire un moteur de leurs interventions. Pourtant, c'est seulement au début des années 90 que les opérations des Fonds ont été aménagées pour que les bénéficiaires puissent participer de manière plus tangible au cycle de réalisation des projets et être largement impliqués dans leur fonctionnement et dans leur entretien. La raison en est que la première génération de Fonds sociaux avait surtout des objectifs à court terme et ne disposait pas vraiment du temps nécessaire pour associer les populations aux projets les concernant au premier chef. Comme cela a été expliqué au début du chapitre II, la participation s'exerce principalement à deux niveaux: a) dans le cadre des Comités de projets qui représentent les bénéficiaires auprès des partenaires-relais; et, b) par les procédures internes des Fonds sociaux qui précisent qu'un certain pourcentage des coûts devra être supporté par la communauté bénéficiaire. En général, ce pourcentage est de l'ordre de 10 à 20 pour cent , la contribution pouvant se faire en espèces, mais le plus souvent par des apports en travail et en matériaux.

Au contraire des AGETIP qui agissent principalement en milieu urbain ou péri-urbain, les Fonds sociaux sont plus orientés vers la participation des communautés ou des groupes de population bénéficiaires étant donné qu'ils interviennent principalement en milieu rural. Or, il est évidemment plus facile de trouver en zones rurales des groupes homogènes qui partagent les mêmes préoccupations. En revanche, en zone urbanisée, la taille et la complexité des projets est plus élevée. Elle dépasse généralement la capacité de groupements ou d'associations de quartiers. Au plan participatif, la méthode d'action des AGETIP est donc différente de celle des Fonds sociaux car ces agences travaillent principalement avec les municipalités.

La mise en place d'un système performant de fonctionnement et d'entretien pour l'utilisation à long terme des réalisations est une raison essentielle qui incite les Fonds sociaux à rechercher la participation des groupes destinataires. Il sera plus facile de recueillir le soutien des populations pour assurer la pérennité des ouvrages si elles sont consultées, tant au stade des choix que des réalisations. Faire appel à la participation des bénéficiaires est un processus complexe qui réclame une concertation étendue des différentes parties représentées. Ce processus de consultation a un coût, dans la mesure où il retarde les différentes phases de mise en œuvre d'une opération. Les acteurs sont nombreux, qu'il s'agisse du personnel des Fonds, des bénéficiaires, des municipalités ou des différents partenaires-relais impliqués. Plusieurs études (Banque mondiale, 1997 et Siri, 1998) ont cependant montré que les retombées positives de la participation communautaire étaient largement supérieures aux complications qui pouvaient en résulter.

En Amérique latine, la participation communautaire a été recherchée de manière plus ou moins directe selon les Fonds. Pourtant, il ne semble pas qu'elle ait été le fait d'une stratégie bien définie. Cela vient de la difficulté, déjà soulignée, à mettre en place un système qui place les groupes bénéficiaires au centre du processus de développement tout en limitant les risques de récupération par les notables ou par les politiciens locaux. Pour contourner ces difficultés, quelques Fonds sociaux[20] se sont appuyés sur les ONG et les organisations confessionnelles, essentiellement pour deux raisons: le ciblage des plus pauvres et la volonté de promouvoir des initiatives communautaires, conformément aux objectifs généraux des Fonds. Malgré ces quelques cas, la Banque inter-américaine de développement estimait en 1997 (Siri, 2000) que ces intermédiaires n'avaient été associés en moyenne que dans 15 pour cent des projets financés par les Fonds sociaux. Ces organismes, malgré quelques succès, ne peuvent pas être considérés comme une alternative à la participation communautaire directe, et ce pour plusieurs raisons: ils ont souvent leurs propres priorités; leur budget n'est pas toujours à la hauteur de leurs ambitions; leur capacité technique et opérationnelle est souvent exagérée; et, leur zone d'intervention est souvent trop limitée. Plusieurs Fonds, comme ceux du Chili (FOSIS), du Pérou (FONCODES) et du Guatemala (FONAPAZ) ont cherché à susciter la participation communautaire en agissant plus globalement en faveur du développement des capacités institutionnelles et administratives des communautés rurales. A cette fin, ils ont mis en œuvre des programmes de formation adaptés.

A des degrés divers, les Fonds sociaux mis en place ces dernières années en Afrique ont été plus spécifiquement conçus pour promouvoir la participation des communautés villageoises dont les capacités sont encore embryonnaires. Pour cela, ils peuvent intervenir à trois niveaux:
- celui de l'établissement des Comités de projet et du rôle qu'ils sont amenés à jouer;
- celui des contributions réclamées aux communautés bénéficiaires des subventions d'un Fonds social; et,
- celui de la formation dispensée pour qu'une communauté puisse apprendre à gérer et à superviser la réalisation d'un projet.

---

20 C'est le cas des Fonds au Chili, à Haïti, au Panama et en Bolivie (Siri, 2000).

L'encadré 10 expose comment est organisé le rôle des Comités de projet villageois dans le Fonds d'action sociale du Malawi créé en 1997. Cet exemple est assez significatif des modalités de participation d'une communauté qui bénéficie des actions d'un Fonds.

Encadré 10: Fonction des Comités de projet dans le Fonds d'action sociale du Malawi (MASAF)

Mise en place du processus participatif: Organisation de réunions préalables auxquelles la communauté est représentée de manière équitable; discussion des besoins prioritaires; élection d'un Comité de projet; recours éventuel aux services d'un représentant local de l'administration gouvernementale, d'un partenaire-relais ou d'un membre de la commune pour servir d'intermédiaire entre le Comité de projet et le Fonds social.

Niveau de la contribution communautaire: En principe, il est demandé à la communauté de contribuer à hauteur de 20% aux coûts totaux du projet, en équivalent travail ou par la fourniture de matériaux disponibles localement.

Administration des dépenses: Signature d'un accord entre le Fonds et le Comité de projet; ouverture d'un compte par le Comité de projet et réception des tranches de financements en fonction de l'avancement des travaux.

Réalisation et contrôle des travaux: Le Comité de projet gère les achats et éventuellement l'appel à des petits entrepreneurs locaux pour la réalisation des travaux. Il supervise les opérations de réalisation du projet, rend compte de l'état d'avancement des travaux au Fonds et veille à la bonne application des procédures financières acceptées d'un commun accord avec le Fonds. A l'achèvement du projet, il est demandé aux bénéficiaires d'en évaluer les résultats.

Non seulement l'effort financier du groupe bénéficiaire augmente son sentiment d'être vraiment impliqué dans la réalisation des ouvrages mais il présente aussi l'avantage d'augmenter le nombre de projets qui peuvent être aidés par le Fonds social. Le tableau 5 indique le pourcentage de la contribution des bénéficiaires dans quelques Fonds sociaux en Afrique.

Tableau 5: Contribution des bénéficiaires au coût des projets dans quelques Fonds sociaux en Afrique	
Comores (FADC)	20% minimum pour tout type de projet
Madagascar (FIDII)	10% pour tous les projets et 20% pour les projets pilotes directement gérés par les communautés
Malawi (MASAF)	20% pour tous les projets
Rwanda (PNAS)	Vu l'extrême pauvreté des communautés résultant de la guerre en 1994, aucun % n'a été fixé, mais depuis 1996 seuls sont déclarés prioritaires les projets pour lesquels les communautés sont prêtes a contribuer

Ces chiffres doivent être comparés avec le niveau de contribution demandé aux municipalités et qui ne dépasse pas, en général, 5 pour cent dans les AGETIP. D'ailleurs, on constate que la collaboration entre les AGETIP et les collectivités a donné des résultats mitigés. Si la décentralisation des responsabilités est assez récente en Afrique, celle des moyens financiers l'est encore davantage. Les cadres élus ou les employés des collectivités/municipalités sont peu expérimentés et changent souvent, ce qui réduit la portée des activités de formation entreprises par les AGETIP. Les relations entre les AGETIP et leurs interlocuteurs communaux sont donc souvent beaucoup moins intenses que celles établies par les Fonds sociaux avec les bénéficiaires de leurs actions. Par ailleurs, les responsables des municipalités péri-urbaines sont évidemment moins proches des habitants qu'ils sont censés représenter que quand il s'agit de collectivités rurales. Tout cela explique pourquoi il est assez difficile d'obtenir une participation financière des collectivités dans les AGETIP. L'agence NIGETIP, dans le cadre du Projet de réhabilitation des infrastructures urbaines (PRI), se contentait de demander une participation financière d'environ 5 pour cent avant le début des travaux. Cela ne l'a pas empêché de connaître beaucoup de délais dans l'exécution des projets subventionnés. Cela a pu aller du simple retard de paiement au non-paiement des contributions. Pour la deuxième phase du PRI, la formule choisie a consisté à dissocier les activités de contrepartie des communes des investissements réalisés par NIGETIP.

Malgré tout, c'est en Europe Centrale et de l'Est et dans les pays de l'ex-Union Soviétique que la participation des populations a le plus de mal à se concrétiser (Goovaerts, 2000). En pratique, les Fonds sociaux se substituent à des communautés peu organisées et structurées. Par ailleurs, ces pays ne disposent, le plus souvent, ni de partenaires-relais ni d'un système bancaire assez souple pour effectuer les transactions nécessaires entre les Fonds, les Comités de projet et les entreprises. Seuls les Fonds sociaux en Arménie et en Moldavie ont essayé d'établir un certain équilibre entre les autorités locales et les vrais bénéficiaires des actions entreprises. Le Fonds moldave présente aussi l'avantage de s'intéresser au développement de la capacité institutionnelle et de gestion des collectivités locales afin d'en faire des interlocuteurs responsables, sensibles aux intérêts des bénéficiaires.

Finalement, le développement des associations de base va de pair avec celui des collectivités décentralisées. Il est difficile d'envisager une prise en charge du cycle des projets d'un Fonds social par un Comité de projets issu des associations de base si ces dernières ne sont pas représentatives de la collectivité ou de la municipalité concernées. Celle-ci doit être capable de coopérer mais aussi de faire contrepoids à une administration locale qui ne dispose souvent que de compétences limitées. Dans ce contexte, le bilan global des Fonds sociaux capables de travailler avec ces deux types d' entités reste dans l'ensemble assez positif et ne cesse de s'améliorer.

IV.2 La prise en compte de la décentralisation administrative

Pour donner un ordre de grandeur, les emplois publics décentralisés représentent 12 à 25 pour cent de l'emploi public total dans les pays de l'OCDE, contre environ 8 pour cent en Asie et 2,5 pour cent en Afrique. Il faut préciser que l'efficacité d'une décentralisation suppose un transfert long, coûteux et difficile à planifier d'une partie des tâches traditionnelles de l'Etat aux administrations territoriales. Concrètement, la décentralisation devrait toujours impliquer une redistribution des ressources et des compétences ainsi qu'une certaine délégation des fonctions de décision et d'exécution. Elle offre, en théorie tout au moins, la possibilité d'élargir l'autonomie communale, de favoriser la participation des populations à la gestion au jour le jour des affaires publiques et de mieux répartir les ressources de l'Etat (Jacobi, 1991). En pratique, la faiblesse des moyens financiers, techniques et humains des organismes décentralisés des pays en développement fait qu'ils ont beaucoup de mal à remplir les fonctions déjà fort lourdes qui leur incombent : levée de taxes et d'impôts locaux, gestion des services communaux, état civil, administration du patrimoine, pour n'en citer que quelques-unes. Il faut reconnaître aussi que l'inertie constatée à ce niveau dans certains pays, plus particulièrement en Afrique, n'est que le reflet d'une administration centrale qui a du mal elle-même à faire face à ses obligations. Contrairement à l'Amérique latine où la décentralisation est maintenant une réalité, l'Afrique n'est entrée dans ce processus que récemment, souvent sous la pression de la communauté des bailleurs de fonds internationaux. C'est avec réticence que les gouvernements s'engagent dans cette voie, tant ils craignent de perdre leur influence politique ou économique. Les réformes de la fiscalité locale traînent et les transferts de compétences ne s'accompagnent pas des transferts de ressources correspondants.

Dans ce contexte difficile, les Fonds sociaux s'appliquent de plus en plus à adapter leur manière de fonctionner à l'existence ou non d'administrations décentralisées disposant de moyens réels. C'est en Amérique latine, et plus particulièrement dans les Fonds de Bolivie (FIS) et du Honduras (FHIS), que l'on trouve les premières expériences visant à associer les administrations locales aux opérations de ces deux institutions. L'approche consiste à intégrer les activités des Fonds dans les plans de développement local, à confier des ressources financières et des responsabilités directes de mise en oeuvre de projets à ces administrations tout en mettant en place un programme de développement de leurs aptitudes à gérer et superviser des projets, des appels d'offres jusqu'au fonctionnement effectif.

Au stade actuel, on ne peut que prendre note de cette évolution des Fonds sociaux, surtout en Amérique latine. Il importe pourtant de s'interroger sur l'importance qu'il faut donner à cette évolution. Il serait dangereux, comme on a tendance à le faire depuis quelques années, de considérer la décentralisation comme le passage obligé de tout projet de développement. En pratique, les capacités des administrations décentralisées sont encore très embryonnaires dans la plupart des régions ou l'on trouve des Fonds sociaux. Cela est également vrai des pays d'Europe Centrale et de l'Est et de l'ex-Union soviétique où la centralisation demeure très pesante. Il ne saurait donc être question de faire des Fonds sociaux les artisans directs du développement de la décentralisation. On peut cependant envisager qu'ils soient a priori mieux en phase avec un processus de décentralisation quand il existe et que, dans les limites de leurs objectifs, ils en confortent les progrès. Dans ces conditions, il est intéressant de mentionner un rapport récent écrit pour la Banque mondiale (Parker et Serrano, 1999) dans lequel les auteurs suggèrent de lier la conception et donc le transfert graduel des responsabilités d'un FS avec le niveau de décentralisation du pays d'accueil. Ces modalités sont résumées dans le tableau 6. Sans aller jusque-là et sachant qu'il est encore trop tôt pour tirer des enseignements sur les Fonds qui ont collaboré avec des administrations décentralisées, quelques observations préliminaires méritent toutefois d'être mentionnées:

■ d'un côté, on constate que le pourcentage des contributions aux projets subventionnés par les Fonds a augmenté sensiblement là ou des plans d'investissements communaux existent. Ces plans traduisent une réelle volonté des collectivités locales d'identifier les projets qui correspondent le mieux à leurs besoins;

■ de l'autre, les administrations décentralisées sont tentées de répartir les ressources disponibles de manière assez égalitaire sur leur territoire, au détriment parfois des besoins réels. A noter que cette tendance peut être remise en cause par l'influence des politiciens et de certaines entreprises.

Ces quelques observations incitent à la prudence. Il serait prématuré de porter, dès à présent, un quelconque jugement sur le rôle des Fonds sociaux par rapport à la décentralisation. Sans doute, faut-il laisser du temps au temps et faire que les expériences actuelles se développent de la manière la plus pragmatique possible.

Pays	Non décentralisé	Décentralisé partiellement	Décentralisé entièrement
Caractéristiques de la décentralisation et des collectivités locales (CL)	Pas de collectivités locales effectives Pas de budgets locaux Faible comptabilité locale (CL)	CL existent mais ont des contraintes de capacité Un certain budget déjà alloué aux CL Comptabilité améliorée	CL pleinement capables Autonomie sur leurs budgets Comptabilité correcte
Alors ⇓			
	1ère génération de Fonds sociaux	2ème génération de Fonds sociaux	3ème génération de Fonds sociaux
Objectif stratégique	FS comme agent de changement	FS peuvent pousser la décentralisation fiscale	FS aide à consolider le système fiscal
Planification	Appui aux projets communautaires	Appui aux projets communautaires et projets sélectionnés par des CL	Appui aux priorités locales de développement
Financement	Mixte : (i) directement aux communautés et(ii) maîtrise d'ouvrage déléguée par FS	Transition vers des CL crédibles ayant une comptabilité améliorée	Tous les fonds sont transférés aux CL
Passation des marchés et achats	Mixte: (i) gestion communautaire de contrats et (ii) gestion de contrats directement par les FS	Mixte: (i) gestion communautaire de contrats, (ii) gestion de contrats directement par les CL et (iii) gestion de certains contrats encore par le FS	Gestion de tous les contrats effectuée par les CL et les communautés
Stratégie de sortie d'un FS vers un autre type de FS	CL constituées pour passer à 2ème génération de FS	CL prêtes à passer à la 3ème génération de FS	Ressources des FS sont liées au système fiscal

Tableau 6: Fonds sociaux et décentralisation

IV.3   La pérennité des actions entreprises

La question de l'entretien et du fonctionnement des projets de développement n'est pas nouvelle. Dès 1964, Albert Hirschman attirait l'attention sur le défaut d'entretien : "C'est peut-être là, disait-il, un des points faibles les plus caractéristiques des pays en développement, et qui se trouve dans tous les domaines de l'économie. Les sols qui s'érodent, les camions en panne, les toits qui font eau, les machines prématurément hors d'usage, les ponts branlants, les canaux d'irrigation obstrués sont autant de manifestations du même fait général et paradoxal: le manque de soins des pays pauvres pour le capital existant". Presque quarante ans plus tard, l'actualité du propos reste la même. Dans les pays en développement, trop peu de projets sont encore conçus en prenant suffisamment en compte les supports institutionnels et budgétaires nécessaires et la formation des utilisateurs, conditions préalables à leur fonctionnement et à leur entretien ultérieur.

Evidemment, les Fonds sociaux et les AGETIP n'échappent pas à ce constat et tout un ensemble de mesures y sont prévues pour offrir de meilleures chances de vie aux projets aidés. Sachant que l'ensemble des réformes en cours, surtout en Afrique, devrait avoir une influence directe sur la qualité de l'entretien et du fonctionnement des portefeuilles de projets typiquement subventionnés par les Fonds sociaux, il convient de rester circonspect. Qu'il s'agisse des transferts de compétence qui accompagnent la décentralisation administrative, les réformes de la fiscalité locale ou la mise en place de Fonds d'entretien routier, par exemple, les Fonds sociaux sont impliqués d'une manière ou d'une autre dans ces processus. Cet aspect est très complexe et ne peut se contenter d'une approche générale et minimaliste. C'est au stade des études de faisabilité que les budgets récurrents relatifs au fonctionnement et à l'entretien doivent être discutés entre les Comités de projet, les collectivités locales et les administrations décentralisées concernées. Malgré peut-être un léger avantage à l'Amérique latine et à l'Europe Centrale et de l'Est et en ex-Union soviétique où une certaine tradition de l'entretien existe par comparaison à l'Afrique, cette question concerne les Fonds sociaux et les AGETIP avec la même acuité.

Il n'est donc pas surprenant qu'un ensemble de mesures ait été progressivement mis en place par les Fonds sociaux et par les AGETIP pour faciliter la pérennité des projets subventionnés. C'est ainsi que:

■ les Fonds sociaux ne doivent financer que les projets répondant aux trois critères à respecter pour maximiser leur durée de vie, à savoir: (1) que le projet soit une priorité réelle de la communauté et que cette dernière soit prête à y contribuer de manière substantielle, en nature ou en ressources financières; (2) que les spécifications techniques soient compatibles avec les capacités d'entretien et de fonctionnement disponibles localement; et, (3) que des dispositions fermes aient été prises pour garantir la marche ultérieure du projet;

■ les différents types d'infrastructures réalisées doivent faire l'objet d'un Manuel du propriétaire ou des associations d'usagers précisant les modalités et la périodicité de l'entretien, le détail du fonctionnement, l'origine et la budgétisation des ressources financières nécessaires ainsi que les caractéristiques institutionnelles du projet;

■ la formation des utilisateurs doit être assurée parallèlement à la réalisation des travaux.

Malgré toutes ces mesures, les Fonds restent confrontés en permanence à un problème d'une grande complexité et devraient donc garder un oeil vigilant sur les projets plusieurs années après qu'ils soient devenus opérationnels. Les raisons en sont nombreuses. Parmi les plus importantes, on citera:

■ les défauts de conception technique parfois dus à l'inexpérience de jeunes bureaux d'études locaux auxquels il est fait appel. Il peut s'agir du sur-dimensionnement des ouvrages en béton qui augmente les coûts ou du sous-dimensionnement des ouvrages de drainage qui entraîne leur rapide destruction De tels constats sont périodiquement faits dans les rapports d'évaluation ou dans les audits techniques exigés par la Banque mondiale ;

■ l'habitude de penser depuis des décennies que la responsabilité du fonctionnement et de l'entretien est du ressort de l'administration centrale, même quand celle-ci est déficiente. Le transfert de plus en plus fréquent de ces responsabilités aux collectivités locales, aux communes et directement même aux utilisateurs n'est pas toujours très bien compris par les intéressés;

■ le fait que les Fonds sociaux et les bailleurs de fonds aient encore tendance à sous-estimer le coût et les difficultés de l'entretien et du fonctionnement et à considérer qu'il s'agit de la contribution minimum normale des utilisateurs, en contrepartie des apports extérieurs. Dans les faits, on ne se demande pas avec suffisamment d'objectivité si les différents interlocuteurs disposent réellement des capacités techniques, humaines et financières suffisantes;

■ le coût élevé de l'entretien périodique de certaines infrastructures, telles les pistes rurales, qui peut représenter au bout de cinq années jusqu'à 50 pour cent du coût initial. L'entretien courant peut être généralement maîtrisé localement par un système de redevances compatible avec les ressources des utilisateurs (D'Hont et van Imschoot, 1999)[21]. Il n'en est pas de même de l'entretien périodique qui doit résulter de provisions budgétaires dans le cadre de Fonds d'entretien spécifiques gérés et alimentés en partie par les administrations régionales ou locales compétentes.

On sait que les projets développés avec l'appui des AGETIP sont en général plus grands que ceux subventionnés par les Fonds sociaux. En plus, ils dépendent entièrement pour leur entretien et leur fonctionnement ultérieur des capacités financières des municipalités. Le réseau AFRICATIP reconnaissait dès 1997 (Banque mondiale, avril 1997) que le manque de mesures pour faire face à l'entretien constituait une faiblesse de ces agences. Pour faire face à ce type de problèmes, les municipalités qui bénéficient du soutien d'une AGETIP doivent maintenant établir des plans d'investissements prioritaires ainsi que des plans d'entretien dont la charge leur incombe entièrement ainsi qu'aux bénéficiaires. La question de l'entretien, déjà difficile en soi, est compliquée par le fait que les AGETIP n'interviennent, en principe, qu'au stade de l'exécution des travaux. Il faudrait commencer par accompagner,

---

21 Ces auteurs ont procédé en 1999 à un bilan des opérations d'entretien courant confiées aux communes limitrophes de pistes d'accès rurales à Madagascar. Il s'agissait des pistes réhabilitées dans le cadre du projet FIFAMANOR dans la région du Vakinankaratra avec l'appui du BIT/NORAD. Le maintien en bon état des pistes est perçu par les communes et les populations bénéficiaires comme indispensable au développement économique et social de leur région. L'évolution constatée de l'engagement des communes est prometteuse. Elle est concrétisée par la mise en place de barrières de péage, par une contribution du budget communal et par la réalisation ponctuelle de travaux communautaires bénévoles.

assister et former davantage les collectivités avant et surtout après l'exécution des travaux. Plusieurs AGETIP et Fonds sociaux disposent maintenant d'un Manuel du propriétaire pour chaque infrastructure réalisée qui définit les actions d'entretien nécessaires et calcule le budget récurrent correspondant. Or, souvent les collectivités ne disposent pas des ressources financières indispensables. Les AGETIP ont essayé d'apporter un début de solution à ce problème de deux manières:

- en favorisant la construction d'infrastructures économiques (ou de déblocage) tels que marchés, gares routières, boutiques et blocs sanitaires. Ces activités génèrent des revenus que les municipalités peuvent affecter en partie à l'entretien des infrastructures;
- en introduisant le concept de gérance libre qui consiste à aider les communes à confier des contrats de gestion de ces infrastructures économiques au secteur privé par un appel d'offres. Cela permet de confier la gestion au plus offrant ou à celui qui garantit les meilleures conditions financières mais aussi d'emploi et de sécurité.

L'évaluation déjà citée de 51 Fonds sociaux répartis dans 34 pays, conduite par la Banque mondiale en 1997, a aussi examiné la pérennité des différents types d'infrastructures de base réalisées. L'examen a réparti les projets en trois catégories et a prudemment conclu que:

- les projets d'accès aux services sociaux (essentiellement les écoles et les centres de soins) sont le plus souvent capables d'assurer les services attendus. Les raisons invoquées sont que ces projets font appel à la participation populaire et que les bénéficiaires se sentent très concernés par ce type de services. Par ailleurs, ces réalisations sont, le plus souvent, bien conçues et sont planifiées conjointement avec les administrations compétentes;
- il est plus difficile de se prononcer sur la capacité des projets d'infrastructure économique et de micro-financement à rendre les services initialement prévus. Ce jugement un peu nuancé s'explique par le manque de soins apporté, au stade de conception de ces projets, à l'analyse des questions de fonctionnement et d'entretien. Ces faiblesses sont amplifiées par un certain manque d'engagement des communautés bénéficiaires ou des utilisateurs ainsi que des administrations compétentes.

Il est prématuré de se prononcer sur la qualité de la pérennité des opérations entreprises dans les Fonds sociaux mis en œuvre ces dernières années en Europe Centrale et de l'Est et en ex-Union Soviétique. Quelques indications montrent cependant que la plupart des constatations faites ci-dessus s'appliquent aussi à cette région du monde (Goovaerts, 2000). Il semblerait que l'importance de la chaîne entretien/fonctionnement y soit aussi largement sous-évaluée, du stade des études de faisabilité d'un projet aux budgets récurrents nécessaires en passant par la formation des utilisateurs.

L'entretien et le fonctionnement ultérieur des projets reste le maillon le plus faible des projets de développement dans les pays moins avancés. Il est peu admissible de constater que la majorité des projets de développement aidés par l'extérieur souffrent, souvent de manière rédhibitoire, d'un manque d'intérêt et de moyens insuffisants alloués par les administrations concernées à leur entretien et à leur fonctionnement. Ceci, d'autant plus qu'ils font partie du Programme d'investissement public de l'Etat. L'aide internationale refuse de plus en plus souvent de participer au financement de nouveaux investissements si les gouvernements ne s'engagent pas fermement à la mise en place des budgets récurrents et des systèmes d'entretien. Il s'agit d'une question dont la complexité ne cesse de croître car, de plus en plus, les dispositifs mis en place doivent être décentralisés, et donc associer plus directement les administrations locales et les communes bénéficiaires elles-mêmes. La stratégie actuelle des gouvernements et des bailleurs de fonds consiste à impliquer au maximum les acteurs au niveau local pour qu'ils s'approprient les projets réalisés à leur intention. Il ne fait aucun doute que les Fonds sociaux, plus d'ailleurs que les AGETIP, soient bien placés pour soutenir cette stratégie. Sans doute, l'importance des moyens à mettre en œuvre et le suivi temporel nécessaire sont-ils encore sous-estimés.

CHAPITRE 5

Dimension des Fonds sociaux
et évaluation de l'impact

V.1   La portée macro-économique des Fonds sociaux

Dans les pays ou l'on trouve des Fonds sociaux, les politiques sociales, au sens ou on l'entend dans les économies industrialisées[22], sont embryonnaires ou faiblement organisées. C'est également vrai des économies en transition d'Europe Centrale et de l'Est où la planification sociale de la période soviétique est encore loin d'avoir été remplacé par des politiques sociales plus souples et mieux ciblées. Cela n'est guère surprenant quand on sait que dans les pays industrialisés où la politique sociale est très avancée, 35 à 40 pour cent du budget de l'Etat est souvent alloué à la redistribution ! Autant dire que pour beaucoup de pays émergents, la mise en place et le développement d'une politique de protection sociale, dont les Fonds sociaux constituent un pilier important conjointement à d'autres programmes, est une alternative attrayante. Encore faut-il que ces Fonds aient une dimension suffisante pour que les groupes démunis disposent d'un accès, même restreint, aux services sociaux de base. On rappellera aussi que les Fonds sociaux actuels ne sont plus conçus comme des programmes compensatoires mais comme des instruments de développement à la base. Ils sont plus générateurs de services sociaux et de revenus que simplement redistributifs. La question est donc de savoir dans quelle mesure la dimension d'un Fonds social est un facteur déterminant pour qu'il puisse contribuer au développement social?

Avant de discuter de cet aspect, il est intéressant d'introduire un parallèle avec la mise en place de grands programmes de travaux publics, conçus aussi à l'origine comme des instruments conjoncturels de lutte contre le chômage et la grande pauvreté. Ce type d'intervention, fondé sur l'approche keynésienne du multiplicateur d'investissement, a d'abord été

---

22 C'est-à-dire lutter contre la pauvreté par la redistribution et atténuer les effets pervers des politiques économiques par la fourniture de services sociaux accessibles au plus grand nombre. Avec Léon Walras, on pourrait parler d'économie sociale, théorie de la répartition sociale entre les hommes en société.

utilisé par les pays industrialisés dans les années trente, dont les Etats-Unis[23]. Depuis les années soixante, le recours à ces programmes a été fréquent dans les pays en voie de développement (Costa et Mouly, 1974). Ce sont W.A. Lewis et R. Nurske qui en ont été les grands théoriciens et défenseurs. Malgré le nombre important de programmes qui n'ont résisté ni aux épreuves du temps ni aux rigueurs de l'aide internationale, plusieurs d'entre eux participent toujours avec une certaine efficacité à la lutte contre la pauvreté. A titre d'exemple, on citera la Promotion nationale au Maroc et le Jawahar rojgar yojna en Inde. Ces programmes sont, le plus souvent, bien intégrés dans les stratégies de développement des pays concernés. Leur contribution à la création d'emploi, inter alia, est significative[24]. Ils ont su éviter les écueils fréquemment avancés pour expliquer les échecs ou les difficultés rencontrés par un Programme de grand travaux publics, à savoir: l'utilisation insuffisante des technologies à haute intensité de main d'œuvre, la priorité donnée à la création d'emploi à court terme, la dimension insuffisante du programme et le recours excessif aux financements extérieurs.

En pratique, plusieurs contraintes viennent sérieusement limiter la dimension macro-économique que l'on aimerait reconnaître à ces programmes. Il s'agit, par exemple, des compétences et de l'insuffisance en nombre des cadres qui y sont affectés. Egalement, les priorités politiques ne sont souvent pas à la hauteur des enjeux. De même, le financement de ce type de programmes repose trop largement sur l'aide internationale pour que la recherche d'un optimum quelconque soit un objectif réaliste même si son intérêt théorique reste séduisant. Ajoutons que les dangers inflationnistes sont toujours sous-jacents dans les pays en développement où les injections monétaires doivent être gérées prudemment. Finalement, à supposer que l'on puisse déterminer la dimension optimum d'un programme, la difficulté d'en évaluer la rentabilité économique et sociale réelle réduirait la portée de l'exercice. En effet, l'analyse globale ex post aux prix de référence a toujours été difficile et controversée.

Entre 1959 et 1969, le budget annuel des Chantiers de lutte contre le sous-développement en Tunisie s'est élevé à 2,4 pour cent du PNB. C'est bien un cas unique, et la plupart des programmes nationaux de grande ampleur qui ont pu se développer ont rarement dépassé de 0,5 à 1 pour cent du PNB. Compte tenu des contraintes évoquées, ce chiffre peut donc

---

23 Le Works Administration Programme (1933-40) a créé 13,7 millions d'années de travail pendant ses 7 années d'existence.

24 Ainsi le Programme indien crée, bon an mal an, environ 1 milliard de journées de travail!

être considéré comme réaliste. Il est cependant symptomatique de la mise en place réelle, dans un pays déterminé, d'une politique pro-active en faveur de la création d'emplois et de revenus et de lutte contre la pauvreté.

Malgré toutes ces limitations, la rationalité de ce type de programmes, s'ils sont bien conçus, n'est plus sérieusement mise en doute (Abedian, 1993 et Subbarao,1997). Abedian soutient, en se référant au cas de l'Afrique du Sud, que la croissance économique est une condition nécessaire mais pas suffisante pour réduire la pauvreté. En tant qu'instrument privilégié de redistribution, un programme national de travaux publics contribuerait à stabiliser la situation économique tout en facilitant la croissance. A cette fin, un tel programme devrait susciter des projets fortement créateurs d'emplois et de revenus, être axé sur la formation des participants et favoriser la création d'infrastructures. De son côté, Subbarao, sur la base de l'examen d'un échantillon de grands programmes mis en œuvre en Afrique, Amérique latine et en Asie depuis 1987, relève les mérites de ces programmes dans la lutte contre la pauvreté. Il souhaiterait, toutefois, que ces opérations encouragent plus nettement la participation féminine, celle du secteur privé et que la participation effective des plus pauvres soit facilitée.

Qu'en est-il des Fonds sociaux ? De nombreux pays ont choisi ce modèle pour faire face à des situations conjoncturelles préoccupantes, puis comme instrument à plus long terme de lutte contre le chômage et la pauvreté. Si l'on excepte le rôle des bailleurs de fonds, il est difficile de déterminer ce qui pousse un pays à opter pour un type de programme plutôt que pour un autre. Sans doute, les pays qui disposent d'une administration plus structurée et d'une tradition centralisée auront plus facilement tendance à se lancer dans de grands programmes de travaux publics. C'est le cas de l'Inde dont l'administration[25] territoriale très ramifiée se prête bien à la mise en place des dits programmes. Mais il faut bien admettre que dans beaucoup de pays en développement les services publics représentés aux échelons inférieurs ne disposent pas en général des ressources humaines et financières suffisantes, malgré les progrès de la décentralisation ces dix dernières années. Dès lors, le lancement de Fonds sociaux et d'AGETIP constitue une alternative pour répondre rapidement et efficacement aux besoins exprimés par les populations pauvres et à l'écart. A cet égard, l'exemple du Maroc est intéressant. Ce pays a décidé depuis peu de compléter la Promotion nationale par la création d'une Agence de développement social, en d'autres termes, un Fonds social. Bien que décentralisée, la Promotion nationale finance des projets d'infrastructures identifiés au niveau provincial et réalisés en HIMO, en faisant relativement peu appel à la participation communautaire. Comme elle dispose d'un budget régulier, ses ressources peuvent être augmentées pour des raisons conjoncturelles, par exemple, en période de sécheresse. Par contre, l'Agence créée en 2000 a pour mission de faire remonter et financer les projets voulus directement par des populations démunies.

Finalement, on constate que la dimension des Fonds sociaux reste assez comparable à celle des grands programmes de travaux publics. Elle ne dépasse guère 0,5 pour cent du PNB en Amérique latine comme en Europe Centrale et de l'Est. Cela conduit certains auteurs à s'interroger sur l'impact réel des Fonds sociaux. Ainsi, une étude (Bigio, 1997)[26] de la Banque inter-américaine de développement (BID) considérait qu'en dépit des ressources élevées que la Banque mondiale et la BID consacraient au financement de Fonds sociaux, leur portée était discutable. Seul le Fonds du Nicaragua disposait de ressources annuelles équivalentes à 1 pour cent du PNB. L'auteur de cette étude concluait que l'impact des Fonds était nécessairement faible vu leur dimension modeste! Il oublie que le mandat d'un Fonds social est de subventionner un vaste programme de projets de petite taille qui sont à la portée des groupes ciblés. En outre, il sous-estime sans doute la grande complexité des problèmes de gestion relatifs à la mise en œuvre d'une multitude de petits projets de nature différente. Cette grande complexité, souvent liée à des capacités disponibles insuffisantes, restreint forcément la dimension que l'on aimerait donner à ce type d'institutions.

On ne peut donc pas sérieusement affirmer qu'au-dessous d'une certaine taille qui serait de l'ordre de 1 pour cent du PNB un Fonds social n'aurait que des retombées marginales. L'expérience montre que, à de rares exceptions près, ce type d'intervention, Fonds sociaux ou grands programmes de travaux publics, a des dimensions comparables. Pris indépendamment les uns des autres, ces programmes ne peuvent prétendre à un véritable impact macro-économique. Par contre, si on analyse ensemble plusieurs programmes de cette nature dans un même pays, leur impact macro-économique est loin d'être négligeable. On a déjà mentionné au paragraphe 3.2, les résultats positifs d'une étude de ce type conduite à Madagascar (Razafindrakoto, 1999).

La dimension exceptionnelle du Fonds social (FISE) au Nicaragua mérite d'être mentionné. Ce Fonds dispose, en effet, de ressources annuelles supérieures à 1 pour cent du PNB. L'encadré 11 illustre en quelques chiffres

---

25 Le Indian Administration Service (IAS).
26 Bigio G., se référer à l'article sur The Inter-American Development Bank's study of Social Funds, p. 43-49.

la singularité du FISE. A noter qu'il n'existe pas encore d'étude qui permette de mesurer l'impact macro-économique de ce Fonds social.

V.2   Les effets induits

On a vu que les Fonds sociaux arrivaient à intégrer avec un certain succès tout un ensemble de principes et de procédures qui en font l'originalité. Par exemple, ils combinent un ensemble d'activités multi-sectorielles aux règles opérationnelles identiques au sein d'une institution parfaitement autonome. De même, ils mettent l'accent sur le financement de projets qui émanent en priorité des communautés elles-mêmes. Finalement, ils ont une réputation de transparence qui n'est pas étrangère à leur réussite auprès des donateurs. Il n'est donc pas surprenant que par une forme de mimétisme ils aient un rôle moteur et incitatif sur leur environnement même si ces effets sont difficilement mesurables. Ainsi, les Fonds arrivent à coordonner et à faire fonctionner ensemble:

- les divers types d'associations que l'on retrouve à la base comme les associations d'usagers, de femmes, etc.;
- les partenaires-relais le plus souvent rencontrés, tels que les ONG ou les institutions de crédit mutualiste;
- les moyens de l'administration, qu'ils s'agissent des ministères techniques ou des services décentralisés quand ils existent; et,
- les PME locales, bureaux d'études et autres tâcherons.

Encadré 11:   **Dimension du FISE au Nicaragua et principales caractéristiques**

Le FISE collabore étroitement avec les ministères de l'Education et de la Santé, l'Institut national de l'eau et l'Institut de développement des municipalités. Il est devenu l'institution la plus large et la plus efficace en ce qui concerne les travaux d'infrastructures économiques et sociales de petite taille. Avec des déboursements annuels qui s'élèvent à 30/35 millions de dollars, les dépenses du FISE représentent 20 % de l'ensemble des investissements publics au Nicaragua et plus de 60 % de ceux réalisés dans le secteur social.

Afin d'améliorer la qualité de son ciblage géographique, le FISE a mis à jour sa cartographie de la pauvreté. Les ressources financières allouées aux municipalités particulièrement pauvres se montent à 57 % des financements contre 20 % auparavant. En ce qui concerne les municipalités pauvres, elles reçoivent 36 % des ressources au lieu de 57 %. Quant aux municipalités moins pauvres, elles ne perçoivent plus que 7 % des financements , à comparer aux 23 % antérieurs.

Source : Project Appraisal Document, Third Social Investment Project, Banque mondiale, Octobre 1998.

Cette synergie leur permet d'être réceptifs aux approches participatives, à une meilleure mobilisation des ressources locales, à l'utilisation de procédures rigoureuses d'appel d'offres au secteur privé et de responsabilisation des communautés à la gestion de contrats.

Souvent, les Fonds accompagnent les efforts faits par les pays pour décentraliser l'appareil gouvernemental et transférer des responsabilités aux plus petites municipalités et aux communes rurales. Ils associent alors les administrations décentralisées à la sélection et au suivi des projets. La décentralisation étant plus avancée en Amérique latine, on y trouve plusieurs exemples de cette nature. Les Fonds de Bolivie (FIS), du Chili (FOSIS) et du Honduras (FHIS) sont particulièrement intéressants (Siri, 2000) de ce point de vue.

Goovaerts (2000) mentionne le cas des Fonds sociaux en Arménie, en Moldavie et au Tadjikistan où les autorités locales ont été convaincues du bien-fondé des procédures de passation des marchés introduites dans les Manuels de procédure de ces institutions. Ces modes opératoires sont maintenant appliqués à d'autres investissements du ressort de ces collectivités locales. Il note également que la société civile participe plus volontiers au fonctionnement des écoles, des centres de santé et des projets d'adduction d'eau.

On a pu également constater que les Fonds provoquaient ou facilitaient la relance du secteur de la petite et moyenne construction dans leur zone d'action. Il s'agit des petites et moyennes entreprises implantées localement, des bureaux d'études, des transporteurs et des producteurs ou fournisseurs de matériaux locaux. Le volume d'investissement suscité par les projets financés par les Fonds permet la relance et le développement de ces petites entreprises. A leur tour, ces entités induisent la création de petits commerces, marchés locaux, ateliers d'artisan ou petits stands de restauration. Ce type d'effet a été bien documenté dans les zones rurales ou le FID malgache est intervenu depuis 1993. Ces effets ont été aussi constatés dans les Fonds d'Arménie (ASIF) et d'Ethiopie (ESRDF). Dans ces pays, l'exécution de projets financés par les Fonds sociaux a habitué les municipalités à mettre en œuvre des projets utiles à leurs besoins. Elle a également augmenté leur capacité à gérer, en tant que maître d'ouvrage, des contrats d'appel d'offres confiés à des petites entreprises aptes à la réalisation de travaux HIMO.

Grâce aux financements d'un FS, certaines activités tombées en désuétude sont fort heureusement reprises par les communautés rurales, tout en contribuant à relancer l'esprit d'auto-développement. Au Yémen, le Fonds social pour le développement (SFD) a subventionné la réhabilitation d'impluvium (citernes publiques) dans les districts qui dépendent surtout de la collecte des eaux de ruissellement pour l'approvisionnement des villages, qu'il s'agisse des tâches domestiques ou de l'abreuvement du bétail. Il faut savoir que ce pays aride, où les pénuries d'eau potable sont chroniques, doit aussi faire face à l'épuisement des nappes phréatiques souterraines, conséquence d'un pompage mécanique excessif par rapport aux possibilités de rechargement de ces nappes. Après la subvention initiale accordée par le SFD, une grande partie des villages concernés a décidé de poursuivre l'expérience et de la développer. Pour ce faire, les travaux ont été confiés à des petits entrepreneurs locaux, les Comités villageois assurant directement la gestion des petits contrats.

Dans la plupart des pays dotés d'un Fonds social ou d'une AGETIP, on a constaté une tendance à la baisse des prix unitaires, une meilleure qualité des prestations et des délais plus courts de réalisation des travaux. Plusieurs raisons expliquent le plus souvent cette revitalisation du marché de la construction. Ainsi, les procédures d'appel d'offres mises en œuvre par ces institutions ont pour effet de créer une réelle concurrence entre les entreprises. Il en est de même des procédures de paiement plus rapides. De manière générale, le climat de confiance qui s'instaure entre les FS/AGETIP et le milieu des petits entrepreneurs locaux et autres tâcherons et artisans encourage la conclusion d'affaires. Une étude comparative a été effectuée en 1999 au Yémen sur les écoles primaires, de dimension et de spécification comparables, mais construites par différentes agences ou administrations. Les résultats de l'enquête, présentés dans le tableau 7, sont éloquents.

Avant qu'un Fonds social ou une AGETIP ne s'implante dans un pays, les ministères techniques avaient le quasi-monopole de la construction en régie. Avec la concurrence créée par ces institutions, plus autonomes et efficaces, les pratiques de ces ministères ont dû être modifiées pour offrir des coûts comparables. En pratique, cela se traduit par la disparition progressive des travaux effectués en régie, y compris pour l'entretien.

V.3   L'évaluation des Fonds et des projets

C'est au cours des années quatre-vingt-dix, quand les Fonds sociaux ont commencé à devenir des programmes de développement que des

Tableau 7: Comparaison des coûts unitaires pour la construction d'écoles primaires au Yémen				
Ministère de l'Education sur fonds propres	Agence d'exécution au sein du ministère de l'Education*	Agence d'exécution à l'extérieur du ministère de l'Education*	Programme de Travaux Publics (largement autonome)**	SFD (gestion autonome)**
477$/m2	278$/m2	197$/m2	160$/m2	150$/m2

* Projets sectoriels mis en place par la Banque mondiale

** Projets multi-sectoriels largement autonomes mis en place par la Banque mondiale

évaluations ex-ante plus complètes de leur justification ont commencé à être conduites. Jusque là, le caractère transitoire des programmes mis en oeuvre ne donnait lieu qu'à des projections assez simples du nombre d'emplois attendus à court terme et du coût de ces emplois. Progressivement, la Banque mondiale a alors utilisé l'arsenal des méthodes de sélection dont elle dispose pour justifier la mise en place d'un Fonds. Parallèlement, la Banque reconnaissait également que de simples analyses économiques n'étaient pas suffisantes pour évaluer l'impact attendu d'un Fonds social. Aussi, outre sa manière traditionnelle d'apprécier la validité de grands projets, la Banque mondiale s'est attachée à obtenir des réponses à tout un ensemble de questions plus spécifiques avant de lancer un Fonds. Parmi celles-ci, on citera : la cohérence des projets avec la politique et les normes des administrations concernées ; la mise en place de systèmes viables de fonctionnement des projets ; l'évaluation des principaux risques; et, le ciblage des groupes les plus vulnérables. La rationalité économique et sociale des nombreux Fonds créés ces dix dernières années, le plus souvent à l'initiative de la Banque mondiale, ne fait d'ailleurs guère de doute.

En général, les Fonds sociaux ont recours à des analyses ex ante qui, étant donné leur mandat essentiellement social, incluent, à un degré ou à un autre, les outils suivants: indicateurs sociaux divers, prix unitaires, calcul des coûts récurrents et appréciation de l'engagement réel des bénéficiaires. Dans le cas ou des projets productifs sont financés, des méthodes d'analyse économique plus classiques sont utilisées. En 1998, une étude de Pérez de Castillo considérait que les Fonds appliquaient en général des méthodes d'évaluation sociale et économique adaptées à leur portefeuille de projets. Il faut dire que la plupart des Fonds sont dotés de critères et de système d'analyse, souvent développés dans les Manuels de procédures, leur permettant de porter un jugement préalable sur les projets qui leurs sont soumis. Selon l'auteur cité, le recours à des méthodologies plus ou moins complexes dépend largement des ressources, des capacités techniques et du temps disponibles.

C'est au niveau des analyses ex post de l'impact des projets financés dans le cadre d'un Fonds que les efforts les plus importants ont été réalisés ces dernières années. Ce type d'analyse porte sur deux composantes selon que l'on va s'intéresser à l'impact global d'un Fonds ou à celui d'un projet ou même d'un groupe de projets dans un secteur déterminé.

A partir de 1989, la Banque mondiale a entrepris de réaliser des évaluations de Fonds sociaux sous l'angle des bénéficiaires, considérant à juste titre que l'opinion des récipiendaires était déterminante s'agissant d'institutions à l'écoute des besoins du milieu. Rappelons l'étude de synthèse qui a été conduite en 1998 sur 8 Fonds (Owen, Van Doemelen, 1998) ayant bénéficié de ce type d'évaluation au cours de la période 1989-1996. Il en est ressorti qu'il convenait de mieux appréhender la contribution des projets financés à l'amélioration des conditions de vie des populations pauvres desservies, en terme d'accès à l'eau, aux systèmes d'assainissement, aux dispensaires et aux écoles. Une autre évaluation globale de l'ensemble des Fonds sociaux a été entreprise par la Banque mondiale en 1997[27] en faisant appel à un important groupe de travail. Les objectifs consistaient plutôt à mettre en évidence les points forts identifiés dans divers Fonds sociaux de manière à mieux en tenir compte dans la conception des Fonds à venir. La richesse de cette évaluation qui combine à la fois enquêtes, jugements d'experts et analyses en fait encore une référence en la matière.

Malgré leur succès et leur importance, jusqu'à une période récente, relativement peu d'informations fiables étaient disponibles quant à l'impact direct des projets suscités par les Fonds sociaux sur les ménages bénéficiaires et sur les services fournis. Pour remédier à la faiblesse des données chiffrées dans ce domaine, la Banque mondiale a lancé en 1998 (Rawlings et al) une importante étude d'impact couvrant six pays. Les quatre objectifs principaux consistaient à déterminer l'aptitude de ces institutions à cibler les populations pauvres, leur impact sur les niveaux de vie, leur viabilité à plus long terme et leur rapport coût-efficacité. L'étude regroupait les Fonds sociaux d'Arménie, de Bolivie, du Honduras, du Nicaragua, du

---

27 Il s'agit de l'étude Portfolio Improvement Program : Review of the Social Funds Portfolio. Le paragraphe introductif de la conclusion dit que les Fonds sociaux ont un potentiel important en tant qu'instrument de développement communautaire pour la fourniture durable de services au profit des groupes pauvres.

Tableau 8: Impact d'un échantillon de Fonds sociaux sur l'accès à l'eau		
Qualité des infrastructures de services		**Eau disponible dans les projets des Fonds sociaux**
	Nicaragua	25 jours/mois en moyenne comparé à 18 en dehors des projets du Fonds
	Honduras	A des niveaux désirables dans 50% des projets des Fonds, 21% dans d'autres projets
	Bolivie	Avec 4-10% d'augmentation de fréquence
	Bolivie	Qualité de l'eau : après formation, les projets des Fonds sociaux ont réduit la contamination fécale de 55% à 13%
Utilisation de l'eau		**Augmentation nette de la couverture en eau dans les projets des Fonds sociaux par rapport au groupe-témoin**
	Honduras	5%
	Bolivie	10% à Chaco, 18% à Resto Rural
	Nicaragua	25%
		Diminution du temps et de la distance pour obtenir l'eau
	Honduras	42 minutes par mois
	Bolivie	154 mètres à Chaco, 55 m. à Resto Rural
	Nicaragua	600 mètres
Impact sur la santé		**Effet des invest. d'accès à l'eau dans les Fonds sociaux**
	Bolivie	Réduction de la durée des diarrhées et de la mortalité des - de 5 ans
	Nicaragua	Réduction de l'incidence des arrêts de croissance chez les enfants de - de 5 ans de 25 à 14%
	Honduras	Pas d'impact observé sur l'incidence des diarrhées

Source: "Social Funds: Accomplishments and Aspirations", Proceedings of the Second International Conference on Social Funds, 5-7 juin 2000, Institut de la Banque mondiale, édité par A. Levine.

Pérou et de la Zambie. Le tableau 8 illustre les résultats de cette étude en ce qui concerne l'accès à l'eau, à titre d'exemple. Il donne une idée précise du degré de détail obtenu. De tels tableaux sont également disponibles en ce qui concerne le ciblage des plus pauvres, les accès à la santé et à l'éducation, la participation populaire et les rapports coût-efficacité. Insistons sur le caractère statistique de cette enquête et donc sur la fiabilité des résultats.

Cette enquête statistique fait état de résultats probants sur la capacité des Fonds à atteindre les populations ciblées et à en améliorer les conditions de vie. Peu de programmes de développement peuvent démontrer leur efficacité avec le même degré de fiabilité. On a déjà dit que les retombées spécifiques des Fonds sociaux sur les groupes les plus pauvres étaient une préoccupation de plus en plus grande pour leurs promoteurs. Cette enquête, coordonnée par la Banque mondiale (Rawlings et al) constitue la première tentative vraiment rigoureuse pour évaluer l'impact des Fonds sur l'accès des plus pauvres aux services sociaux de base.

CHAPITRE 6
Des domaines d'action à renforcer en priorité

Ces dernières années, les Fonds sociaux et les AGETIP ont beaucoup évolué et ont su tirer partie des expériences de la première génération de ces institutions. Dans plusieurs domaines où l'action des Fonds sociaux est encore insuffisante, des efforts ont été entrepris. Ils portent, entre autres, sur un meilleur ciblage des groupes-cible et des aspirations des femmes, et sur une plus grande implication des associations de base et des collectivités locales à toutes les étapes du développement des projets. Egalement, la pérennité des actions entreprises fait l'objet d'une attention encore plus grande.

Dans ce chapitre, on se limite à l'examen d'autres aspects-clé qui pourraient être utiles aux Fonds sociaux et qui permettraient d'améliorer encore les performances attendues de ces institutions. Quelques outils spécifiques développés par le BIT ces dernières années sont abordés ci-après. Il ne fait guère de doute qu'ils pourraient être mieux valorisés dans les Fonds sociaux et dans les AGETIP.

VI.1   Mieux planifier les besoins des communautés locales

Grâce aux campagnes d'information organisées par les Fonds sociaux ou par l'exemple de villages voisins, les communautés savent quels types de projets sont éligibles, les subventions qui peuvent être perçues et dans quelles conditions. Cela explique que les Fonds reçoivent chaque année un très grand nombre de requêtes. En général, conformément aux règles édictées dans les Manuels de procédures, une demande écrite doit être soumise au Fonds qui procède alors à une première évaluation en fonction de ses critères. Une fois la proposition retenue, elle donne lieu à une étude de faisabilité technique et socio-économique qui est sous-traitée à des bureaux d'études ou à des consultants individuels. A ce stade, on va vérifier si la proposition répond vraiment aux besoins essentiels de la communauté et si elle est en conformité avec la politique sectorielle du gouvernement. Par ailleurs, on s'assurera que la communauté dispose des capacités et de la volonté nécessaire pour garantir l'entretien et le fonctionnement ultérieur de l'infrastructure ou des services demandés. Il conviendra aussi de savoir si l'entité peut réaliser le projet elle-même, si elle a besoin d'une formation spécifique et dans quelle mesure elle peut contribuer au financement.

Vu le grand nombre de requêtes, les cadres techniques d'un Fonds n'ont pas le temps de se lancer dans une planification détaillée des besoins d'infrastructures et de services dans les villages ou dans les zones concernées. On sait pourtant qu'une telle planification constituerait un critère de premier choix dans la mesure où elle créerait une cohérence et aiderait à mieux hiérarchiser les priorités au niveau de la petite région. Ceci étant dit, les évaluations sommaires effectuées par les Fonds sociaux essaient d'éliminer les distorsions qui sont le fait, le plus souvent, d'agents extérieurs. Il peut s'agir d'hommes d'affaires ou de notabilités qui veulent récupérer les bénéfices politiques d'un projet. Il n'est jamais facile d'éviter qu'il y ait collusion entre un homme politique, une collectivité locale et une entreprise (Parker, Serrano, 1999). D'une manière générale, ces techniques d'évaluation ont permis aux Fonds de vérifier l'éligibilité de projets identifiés par les communes et de passer à l'action rapidement, renforçant ainsi leur crédibilité. Cette approche réaliste doit être comparée aux études qui sont menées dans un milieu déterminé, en concertation avec les bénéficiaires supposés, dans la perspective d'un programme de développement intégré. Malheureusement, les attentes des communautés villageoises sont souvent déçues par ce type d'approche très perfectionniste qui n'aboutit guère, tout simplement parce que les financements n'étaient pas encore acquis au stade des études et n'ont finalement pu être réunis! Dès lors, le pragmatisme des Fonds sociaux est apprécié des bénéficiaires potentiels qui constatent que les opérations sont sélectionnées et réalisées avec des délais et dans des conditions satisfaisantes.

En Bolivie et au Honduras, les Fonds sociaux ne financent que les requêtes qui sont déjà inscrites dans les plans d'investissement locaux. En Afrique, les AGETIP adoptent depuis plusieurs années ce type d'approche. D'ailleurs, ce sont les AGETIP qui font parfois établir par des bureaux d'études les plans urbains d'investissements prioritaires dont ils ont besoin. Ces plans sont ensuite approuvés par les Conseils municipaux. Les listes de projets prioritaires sont alors soumises à une Agence de développement municipal ou à un Comité d'approbation local. Ces organismes sont constitués de représentants des municipalités ou de ceux de ministères clé tels que la Décentralisation ou l'Economie et les Finances. La tâche des Fonds sociaux ou des AGETIP consiste à vérifier que les groupements villageois ou les associations de quartiers, selon les cas, ont bien été associés à la préparation des plans. Ce processus participatif est encore très variable selon les pays. On constate aussi que les bureaux d'études recrutés ne sont pas préparés à incorporer l'impact des infrastructures et des services proposés sur l'emploi. Or, cet aspect intéresse de plus en plus les collectivités locales qui sont confrontées à des situations aigües de sous-emploi ou de chômage. En plus, quand les projets en milieu rural sont évalués, il importe d'examiner comment les plus pauvres dans une collectivité vont pouvoir bénéficier des infrastructures ou services proposés.

Ces dernières années, le BIT a développé un système de *Planification intégrée de l'accès en milieu rural (PIAR)*[28]. Il s'agit d'un outil qui facilite le développement d'informations sur la localisation, l'état de fonctionnement et l'accès aux services et aux infrastructures de base. Cet outil permet aussi de déterminer les priorités, les

---

28 On se reportera au Guide sur la Planification intégrée de l'accès en milieu rural qui porte sur le Malawi mais qui présente un intérêt plus général. Ce document a été publié en juin 2000 par le BIT, Programme ASIST.

investissements et l'identification des interventions destinées à améliorer l'accès des populations à ces services et infrastructures. Le système PIAR met également l'accent sur le renforcement des capacités et l'utilisation des ressources locales, matérielles et humaines dans la mise en œuvre et l'entretien de projets communautaires. Il fait aussi la liaison avec l'adoption de technologies appropriées et l'utilisation de méthodes à haute intensité de main d'œuvre. Instrument multi-sectoriel de planification intégrée, le PIAR aborde les principaux aspects de l'accès au profit des ménages ruraux en vue de la satisfaction de leurs besoins socio-économiques et de subsistance. L'encadré 12 présente le cas du Laos ou ce système est mis en œuvre.

Les bureaux d'études et les consultants individuels qui élaborent les plans d'investissement prioritaires dans les Fonds sociaux pourraient être formés à cette approche qui commence à faire ses preuves et qui pourrait être adapté à ce nouveau contexte.

VI.2 Augmenter la part des projets productifs et la création d'emploi

Les données disponibles sur les Fonds sociaux montrent qu'ils financent davantage de projets dans le secteur social et beaucoup moins d'investissements d'ordre productif ainsi que d'activités génératrices de revenus ou de projets de micro-financement. Il y a deux raisons principales à ce constat. Tout d'abord, il faut rappeler que les populations bénéficiaires réclament en priorité des projets à caractère social (écoles, centres de santé, adductions d'eau). Or, ce type de projets peut être mis en œuvre assez rapidement. Egalement, et cela est particulièrement vrai dans les premiers temps d'un Fonds, plusieurs contraintes ralentissent considérablement la réalisation de projets plus productifs tels que les micro-périmètres irrigués, les marchés ruraux, les infrastructures de déblocage, les activités génératrices de revenus et les opérations de micro-financement. C'est ainsi que:

■ une partie seulement de la communauté locale de référence

Encadré 12: Projet PNUD/BIT de Planification intégrée de l'accès aux services et infrastructures de base au Laos

Le Laos est un petit pays enclavé et faiblement peuplé (4,5 millions d'habitants), essentiellement montagneux, bordé par le Cambodge, le Vietnam, la Chine , le Myanmar et la Thaïlande. La densité est faible avec 18 personnes au km² et des revenus parmi les plus bas d'Asie. En zone rurale, la majorité des habitants s'adonne encore à une agriculture d'auto-subsistance. Afin d'améliorer les conditions de vie dans les zones rurales et lutter plus efficacement contre la pauvreté, le gouvernement a décidé la mise en place d'un processus participatif de planification de développement communautaire.

Ce projet de type PIAR agit au niveau d'une province et d'un district pour introduire et renforcer les procédures de participation des communautés, la collecte des données, la préparation des cartes, la planification et l'entretien des routes rurales, l'identification et les priorités de mise en œuvre des projets. Pour cela, des programmes de formation sont mis en place sur des périodes de 18 mois afin que les personnels communaux et des administrations décentralisées puissent disposer des compétences en la matière.

Cette méthode de planification permet d'identifier des interventions prioritaires en terme de transports (infrastructures et moyens ou services de transport) et de localisation de services de base. Ce projet sert actuellement de référence au Gouvernement du Laos qui a créé un Comité de développement rural responsable de la mise en œuvre plus générale des procédures ainsi élaborées. D'autres bailleurs de fonds, comme NORAD ou la Suède, utilisent maintenant l'approche PIAR comme outil de développement de projets en milieu rural. A noter que cette approche a été progressivement mise au point par le BIT en liaison avec la Banque mondiale sur la base d'études menées au cours des années 90 dans un certain nombre de pays d'Afrique. En Asie, en plus du Laos, l'approche est largement utilisée au Cambodge et en Indonésie, et sur l'ensemble du territoire des Philippines dans le cadre de la politique de décentralisation menée par le gouvernement de ce pays.

bénéficie de ce type de projets. Cela est lié le plus souvent aux problèmes de propriété foncière (périmètres irrigués);

■ les études techniques des projets à caractère productif sont en général plus complexes et demandent plus de temps notamment dans la phase de préparation et de lancement ;

■ les partenaires-relais capables de mettre en place les opérations de micro-crédit sont trop peu nombreux; et,

■ la contre-partie exigée pour certains projets productifs est souvent importante et sa mobilisation demande du temps et beaucoup d'efforts.

L'exemple ci-après illustre cet état de fait. Au Yémen, la phase I du Fonds social pour le développement (SFD) qui s'est déroulée de mi-1997 à fin 2000[29] a nettement privilégié les infrastructures sociales. Celles-ci ont représenté 76 pour cent des déboursements, contre 13 pour cent pour les autres types d'infrastructures, 3 pour cent pour les services sociaux, 6 pour cent pour les activités génératrices de revenus et 2 pour cent pour les opérations de renforcement des capacités. Les raisons suivantes expliquent ce pourcentage élevé d'infrastructures sociales:

■ forte demande en écoles rurales dans un pays particulièrement sous-équipé dans ce domaine[30];

■ manque d'eau crucial au Yémen qui explique la demande très forte pour les projets d'approvisionnement en eau;

■ absence d'institutions financières mutualistes auxquelles on pourrait confier des activités de micro-financement. De même, les banques ne sont pas disposées à financer les PME, étant donné les risques, la petitesse du marché et la stagnation économique actuelle;

■ faiblesse d'ensemble des ONG présentes dans le pays; et,

■ compétence reconnue des artisans yéménites dans les constructions à faible coût et de bonne qualité qui facilite évidemment la construction d'infrastructures sociales.

Pour remédier à ce déséquilibre, le SFD a lancé des projets pilote de micro-financements et d'activités génératrices de revenus. Il a également mis l'accent sur la formation des partenaires-relais et des consultants afin de faciliter la mise en place de projets plus créateurs d'emplois durables. A Madagascar, le FID a connu la même évolution et les projets productifs et de déblocage atteignaient 47 pour cent des financements pendant la 2ème phase.

---

29 Bulletin du Fonds social pour le développement du Yément, No. 11, juillet-septembre 2000.
30 Le Yémen a le plus faible taux de scolarité du Moyen-Orient.

Ces exemples sont représentatifs de la marge d'évolution des Fonds sociaux à qui il faut simplement laisser le temps de développer les capacités des partenaires-relais. Il semble que cette évolution soit normale et doive être respecté. Il ne faut pas, en effet, perdre de vue le fait que la rapidité des Fonds à mettre en œuvre, dès le début de leurs opérations, des investissements sociaux prioritaires auprès des populations touchées, est essentielle pour assurer leur crédibilité. Dans un ordre logique, on peut admettre qu'un Fonds social se préoccupe davantage de projets sociaux dans une première phase, puis fasse un effort pour planifier les moyens de satisfaire les besoins locaux. Cet effort devrait avoir pour effet un ré-équilibrage entre les différents types d'activités, sans négliger pour autant un ciblage qui doit toujours tendre vers la satisfaction des plus vulnérables.

Ce ré-équilibrage progressif des activités promues par les Fonds vers des projets plus productifs doit aussi avoir pour effet principal la création d'un nombre plus élevé d'emplois, tant temporaires qu' à caractère plus durable. On sait que le secteur du bâtiment et des travaux publics constitue un levier privilégié pour faire face aux difficultés sociales provoquées par un programme d'ajustement structurel ou à la suite d'une dévaluation. Ce secteur est aussi déterminant pour la mise en place d'une politique de croissance intensive en emplois. A cette fin, les expériences menées au cours des années 90 ont montré qu'il fallait accentuer les efforts dans trois directions prioritaires:

- privilégier la réhabilitation et l'entretien par rapport aux constructions neuves;

- confier la sous-traitance des travaux au secteur privé et réduire la réalisation des travaux "en régie" par les services gouvernementaux;

- favoriser l'utilisation des ressources locales et des technologies à haute intensité de main d'œuvre (HIMO).

Ces orientations constituent le fondement de la politique préconisée par le BIT en la matière depuis de nombreuses années et récemment réaffirmée[31]. Elles s'appliquent évidemment de la même manière à l'éventail des travaux communautaires et d'infrastructures subventionnés par les Fonds sociaux. Les travaux réalisés en méthode HIMO ciblent plus particulièrement les travailleurs temporaires, peu qualifiés et sous-employés, souvent en situation précaire. Le bas niveau du salaire offert, ou salaire de référence, est déterminé par un équilibre local entre l'offre et la demande de travail. Il en résulte que seuls les travailleurs n'ayant pas d'autres possibilités d'emplois (Subbarao, 1997) seront recrutés sur ce type de chantiers. Les Fonds sociaux disposent de moyens de financements assez importants. Dans la mesure où ils peuvent accroître petit à petit le pourcentage de leurs opérations allant aux travaux plus productifs, on voit le rôle important qu'ils peuvent jouer en matière de création d'emplois. Cela est d'autant plus vrai qu'ils sont prêts à s'inspirer des orientations énoncées ci-dessus.

Normalement, le potentiel de création d'emploi fait partie des critères d'éligibilité des projets dans les Fonds sociaux. On a cependant déjà dit que cet aspect pourrait être sans doute mieux pris en compte, surtout en Amérique latine et en Europe Centrale et de l'Est et en ex-Union Soviétique.

Dans le domaine de la création d'emplois, la problématique des AGETIP rejoint celle des Fonds sociaux. Ces institutions ont été d'abord mises en œuvre à cette fin, même si on peut regretter que l'on ait trop mis l'accent sur leur caractère transitoire. Il n'en demeure pas moins que les AGETIP, jusqu'à ces dernières années, utilisaient en partie une approche fondée sur l'importance des infrastructures marchandes productrices de recettes pour les municipalités. Certes, dans certaines agences les technologies HIMO ont été encouragées, par exemple, le pavage des rues. Mais, on constate que certaines AGETIP sont moins créatrices d'emplois que par le passé. Il semble bien qu'elles soient de plus en plus mises en concurrence avec d'autres agences d'exécution. Le délai de réalisation des travaux devient un facteur déterminant et favorise les grosses entreprises plus capitalistiques.

---

31 Créer de l'emploi pour réduire la pauvreté: le rôle des approches à haute intensité d'emploi dans les programmes d'investissements; Dans, *Les programmes de création d'emplois de l'OIT*, GB.273/ESP/4/1, BIT, Genève, nov. 1998.

Pourtant, les Fonds sociaux et les AGETIP contiennent les principaux outils nécessaires à l'épanouissement de projets véritablement créateurs d'emplois. Il serait souhaitable que ces institutions fassent de l'objectif de création d'emploi un axe prioritaire de leur développement futur. En effet, les Fonds sociaux tendent déjà à un ré-équilibrage de leurs activités vers des projets plus productifs et, pour leur part, les AGETIP disposent d'expérience en matière de création directe d'emploi. Les compétences du BIT pourraient utilement compléter celles des Fonds sociaux et des AGETIP et favoriser une meilleure prise en compte du facteur emploi dans ces institutions.

VI.3   Mieux former les PME et les bureaux d'études

Comme cela a déjà été expliqué, les Fonds sociaux, particulièrement en Amérique latine, n'ont pas accordé une importance suffisante au développement de la capacité des petites entreprises locales et des bureaux d'études. Parmi les exceptions les plus notables, on citera le FID à Madagascar, le PNAS au Rwanda et le Fonds social Arménien. Ce constat reste globalement vrai dans les AGETIP, malgré des efforts également circonscrits à quelques agences. Dans tous les cas où les Fonds sociaux et les AGETIP ont organisé des stages de formation, ceux-ci ont été sous-traités à des institutions de formation ou à des consultants spécialisés. Ces formations ont été dispensées de manière ponctuelle afin de remédier à des carences constatées dans la réalisation des études et des travaux.

Les raisons pour lesquelles les Fonds sociaux et de multiples opérateurs de développement font, souhaiteraient ou devraient faire de plus en plus appel aux PME et aux bureaux d'études locaux sont multiples. Parmi les principales, on citera:

■ le développement prioritaire des compétences du secteur BTP et l'amélioration des connaissances techniques des personnels dirigeants, des chefs de chantier et des conducteurs de travaux, notamment dans les techniques HIMO;

- le fait que les entreprises implantées localement ont plus tendance à recruter sur place et à faciliter la création d'emploi;

- l'utilisation des matériaux locaux va de pair avec la mise en œuvre des techniques HIMO, or elle est source de création d'emplois indirects;

- la réduction du coût des travaux est la conséquence de plusieurs facteurs : a) les frais de fonctionnement et la marge bénéficiaire des PME sont moins élevées que celles des grosses entreprises ; et, b) la concurrence entre les PME est très aigüe;

- la réalisation d'un grand nombre de petits projets dispersés, dans des zones souvent difficiles d'accès et de nature variée, exige une souplesse qui reste l'apanage des PME locales.

Quand ce type d'entreprises et de bureaux d'études sont bien formés, autant dans les domaines techniques que dans ceux de la gestion d'entreprise, et qu'ils sont capables de répondre correctement aux appels d'offres et d'exécuter les marchés dans le respect du cahier des charges et des conditions de travail imposées, leur contribution au développement socio-économique est considérable. La formation qui leur est dispensée devrait, en principe, répondre aux objectifs suivants:

- pour les PME: remplir correctement les dossiers d'appel d'offres; améliorer la qualité des réalisations ; respecter les délais ; bien gérer l'entreprise; et, payer la main d'œuvre à temps et conformément au cahier des charges et lui assurer des conditions de travail qui répondent aux Conventions de base de l'OIT. Sur ce dernier point, l'encadré 13 est un bon exemple de conditions minimum imposées en la matière par le BIT aux entrepreneurs recrutés dans les projets où l'organisation est impliquée[32];

- pour les bureaux d'études: réaliser de bonnes études techniques des projets afin de faciliter le contrôle et le suivi des travaux; concevoir les projets dans une optique HIMO et d'utilisation des technologies

---

32 On se reportera aussi à D. Tajgman et J. de Veen, 2000, sur les politiques et pratiques du travail dans les programmes d'infrastructures à haute intensité de main d'úuvre.

Encadré 13: **Respect des Conventions de base de l'OIT sur les conditions de travail**
Le Titulaire est tenu de:

- recruter la main d'œuvre ordinaire dans les zones avoisinant le chantier, dans la mesure du possible. Chaque ouvrier aura au moins dix-huit ans;
- engager au moins 25 % de femmes dans l'effectif total du chantier;
- rémunérer également les hommes et les femmes pour un travail de valeur égale;
- promouvoir l'égalité de chance et de traitement en matière d'emploi et de profession;
- payer rapidement et intégralement les salaires dus au personnel d'encadrement et à la main d'œuvre, à l'exclusion de toute pratique abusive;
- respecter le salaire minimum fixé par la législation du travail;
- instituer sur le chantier des conditions de sécurité et d'hygiène suffisantes ;
- prendre les assurances nécessaires contre les accidents du travail ;
- instituer dans la mesure du possible une Carte de travail individuelle portant les mêmes mentions que celles figurant sur le registre des salaires.

---

et des matériaux locaux ; bien estimer les coûts; et, être capable d'organiser rigoureusement les contrôles techniques et financiers des travaux sur les chantiers;

■ pour les maîtres d'ouvrage (ou délégués): assurer une meilleure gestion des contrats; et, garantir le bon entretien et fonctionnement ultérieur des infrastructures et services.

L'analyse des besoins en formation est une activité continue, aussi bien dans un Fonds social que dans une AGETIP, afin d'améliorer les performances des différents acteurs auxquels il est fait appel. Cela va permettre la mise en place d'un plan de formation en harmonie avec les projections de réalisation de projets. Bien qu'il ne concerne pas directement un Fonds social, il est intéressant de citer le plan exhaustif de formation des formateurs, des PME, des bureaux d'études et des chefs de chantier qui a été récemment mis au point par le BIT à Madagascar[33]. Ce plan (Bynens, Olivier, 2001) a été considéré comme une condition importante de la mise en œuvre du Projet de transport en milieu rural qui va être prochainement réalisé dans ce pays avec l'appui de la Banque mondiale.

Afin de répondre à l'ensemble des besoins dans ce domaine, qu'il s'agisse de Fonds sociaux, d'AGETIP ou d'autres grands programmes de

---

[33] Ce plan s'appuie sur la série de sept volumes de méthodologie et de pratique de HIMO routes de F. Olivier, publié par le BIT/NORAD en 1999.

développement, le BIT vient de publier un *Cours de formation HIMO à l'usage des PME, des bureaux d'études et des ingénieurs de l'Etat.* Ce cours comporte six manuels de formation uniquement disponibles sur CD-ROMs vu l'ampleur des sujets traités qui sont, respectivement: La construction et l'entretien de routes non revêtues: Les routes pavées, la voirie et le drainage; Le bâtiment; Les appels d'offres et les soumissions; La gestion d'entreprise; et, La formation des formateurs. Ce cours de formation a été établi avec le concours d'AFRICATIP, l'Association des Agences Africaines d'Exécution de Travaux d'Intérêt Public. Ces manuels traitent aussi respectivement des appels d'offres et des soumissions[34], de la gestion des entreprises et des conditions de travail dans les travaux HIMO. Les questions de rémunération ainsi que la santé et la sécurité sur les lieux de travail y sont également abordées.

VI.4   Encourager le développement des systèmes de micro-financement

Dans les cas relativement exceptionnels ou ils ont pu promouvoir des opérations de micro-financement, comme dans le Fonds social égyptien, les Fonds sociaux y ont rencontré un succès indéniable. Ces activités ont abouti à la création d'emplois durables et ont notablement profité aux femmes. On s'est également aperçu que la plupart des emprunteurs étaient plus pauvres que ceux qui pouvaient solliciter des prêts plus importants auprès des banques commerciales. Les Fonds sociaux pourraient donc s'impliquer plus nettement dans la formation et l'aide aux institutions locales de crédit. Ils pourraient suppléer à des déficiences ponctuelles dans ce domaine étant donné leur capacité à intervenir dans des régions souvent reculées et particulièrement sous-équipées. Il est souhaitable, au vu des résultats qu'on peut escompter en termes d'emplois durables, que les Fonds sociaux ré-équilibrent aussi leur portefeuille de projets au profit d'activités de micro-financement. Ce type d'actions est particulièrement conforme à leur mandat.

---

34 Pour cela, on se réfèrera aussi à P. Bendall, A. Beusch et J. de Veen, 2000.

Une des activités-clé des opérations de micro-financement concerne le développement des Fonds de garantie qui permettent aux petites et aux micro-entreprises d'accéder au marché des capitaux bancaires. Ces Fonds de garantie permettent de réduire l'écart qui existe entre les établissements de crédits commerciaux, réticents à prendre des risques, et la clientèle des petits entrepreneurs. On voit l'intérêt qu'il y aurait à lier ce type d'activités avec les PME locales de la construction et du bâtiment. Ces entreprises rencontrent souvent les plus grandes difficultés à s'équiper par manque d'accès au crédit (D'Hont, van Imschoot, 1997 et Deelen, Osei Bonsu, 2002).

Les chances de pérennisation d'un Fonds de garantie sont nettement plus élevées s'il est décentralisé et à proximité de ses bénéficiaires potentiels. En outre, pour maintenir le niveau de capitalisation des Fonds de garantie, il convient de bien connaître et de former les institutions de micro-financement aux principaux aspects suivants : analyse du risque, marketing, volume minimum de capital pour établir un fonds de roulement, audit interne et gestion de fonds.

Pour agir dans cette direction, le BIT a développé ces dernières années toute une gamme de services pour le développement des systèmes de micro-financement, plus particulièrement axés sur leur dimension sociale. Outre un grand programme qui couvre l'Afrique et l'Asie et qui vise à former les intervenants aux Fonds de garantie, le BIT organise régulièrement dans son Centre international de formation de Turin des cours de deux semaines sur *La gestion efficace des institutions de micro-financement pour les petites et les micro-entreprises.*

VI.5 Partage des responsabilités, décentralisation et gestion communautaire

Le partage des responsabilités entre les différents acteurs impliqués dans la mise en œuvre d'opérations de développement est complexe. C'est le cas de la plupart des pays qui sont de plus en plus impliqués dans un processus de réformes institutionnelles et où l'on trouve des

Fonds sociaux. L'objectif est de mieux répartir les compétences pour aboutir à une décentralisation des responsabilités qui fonctionne.

Les difficultés proviennent de ce que les dispositions prises sont différentes pour chaque catégorie de projet. Le domaine de l'éducation est un exemple qui illustre bien la complexité de ce partage des responsabilités. Ainsi, pour la réalisation d'une école, la proposition doit s'inscrire dans la carte scolaire approuvée au niveau national ou par la Direction régionale du ministère de l'Education. Il appartient à ce même ministère d'assurer l'affectation d'enseignants en nombre suffisant. Quant au service décentralisé, son rôle est de contrôler la qualité de l'enseignement et de distribuer les subventions pour l'achat du matériel didactique. Il est aussi responsable des travaux d'entretien et du fonctionnement en liaison avec les communes et les associations de parents d'élèves. Par contre, pour la réhabilitation d'un micro-périmètre irrigué, c'est seulement l'association d'usagers qui sert d'intermédiaire. C'est le cas des Fonds sociaux dont le portefeuille de projets est très varié. De manière générale, ces institutions et les opérations de développement sont obligées de répondre aux situations au cas par cas, en faisant preuve de souplesse et de pragmatisme.

Le BIT s'implique depuis longtemps dans des opérations de développement axées sur la réalisation d'infrastructures et de travaux ruraux utilisant au maximum les technologies à haute intensité de main d'œuvre et les ressources locales. Dans cette optique, une bonne perception de la manière de distribuer les rôles et les responsabilités entre les différents acteurs a été progressivement définie. Le tableau 9 présente de manière synthétique comment cette distribution des rôles et responsabilités peut s'exercer selon l'expérience acquise par le BIT. Elle s'applique aux travaux communautaires de petite envergure et aux travaux de plus grande dimension qui dépassent la capacité communale. Cette expérience pourrait être utilement partagée avec celle accumulée par les Fonds sociaux au fil des années.

La situation est souvent plus ambigüe pour les travaux de moyenne envergure dont on ne sait trop s'ils sont publics ou communautaires. Il

Tableau 9: Distribution des rôles et des responsabilités entre les différents acteurs pour les travaux de petite et de grande envergure.

Acteurs	Travaux de grande envergure (travaux publics)	Travaux de petite envergure (travaux communautaires)
Individus	- sont recrutés comme ouvriers (emplois rémunérés) - bénéficient de l'infrastructure créée	- sont recrutés comme ouvriers (emplois rémunérés ou travail bénévole - contribuent au coût du projet - bénéficient de l'infrastructure créée
Associations de base	- sont informées du projet	- formulent des idées de projet et participent à l'évaluation préalable des propositions - fixent les priorités - mettent en place des Comités de pilotage ou de suivi - gèrent les fonds transférés aux Comités de pilotage - réalisent les projets - mettent en place les associations d'usagers
ONG	- pas de rôle	- agissent souvent comme structures d'appui des associations de base pour l'exécution des tâches décrites ci-dessus.
Communes rurales ou urbaines	- préparent les plans d'investissements prioritaires - contribuent au coût du projet - bénéficient de l'infrastructure créée (infrastructure marchande) - sont responsables de l'entretien	- contribuent parfois au coût des projets et à leur entretien en complément de la contribution des bénéficiaires
Administrations décentralisées	- vérifient si les propositions s'insèrent dans la politique nationale du Gouvernement - apports complémentaires en ressources humaines et matérielles	- commencent parfois à participer à la formation des communes. Rurales, à la planification des invest. prioritaires et à l'administr. des contrats confiés au sect. privé ainsi que ent/fonct. des infrastruct.
Petites et moyennes entreprises	- travaillent parfois comme sous-traitants des grosses entreprises	- réalisent les projets pour le compte des associations de base
Grosses entreprise	- réalisent les projets pour le compte des municipalités/communes	- pas de rôle
Consultants et grandes ONG	- effectuent les études techniques et socio-économiques, préparent les DAO et assurent le suivi et le contrôle des projets	- interviennent souvent comme structures d'appui aux associations de base ou pour la formation des ONG locales
Directions des projets de développement	- évaluent et approuvent les requêtes - établissent les contrats de maîtrise d'ouvrage déléguée - paient les contractants - contrôlent les indicateurs des projets - organisent les évaluations ex-post	- évaluent et approuvent les requêtes - canalisent les fonds en plusieurs tranches vers les organisations de base - contrôlent et appuient les projets communautaires par le biais de structures d'appui (ONG, consultants) - organisent les évaluations ex-post

arrive souvent que les canaux et les ouvrages principaux d'un périmètre irrigué appartiennent et soient entretenus par des administrations décentralisées du ministère de l'Agriculture alors que le réseau secondaire et/ou tertiaire est privatisé, les propriétaires étant regroupés en associations d'usagers de l'eau. Autre exemple, celui des marchés qui appartiennent aux communes mais dont la gestion est confiée à une organisation de vendeurs. Dans ce type de situation, seuls les projets pour lesquels il existe une bonne entente entre les collectivités locales et les organisations de base ont une chance de réussir.

Tout cela montre l'importance qu'il y a à doter les collectivités locales et les associations de base d'une capacité de gestion leur permettant de participer pleinement au processus d'élaboration et de suivi des contrats de travaux de petite et moyenne dimension. Cette approche ne s'applique que rarement aux Fonds sociaux développés en Europe Centrale et de l'Est où ce tissu d'associations de base n'existe guère. C'est vraiment au niveau des municipalités que la gestion des projets de petite et moyenne dimension s'organise. En Amérique latine aussi, pour d'autres raisons, les Fonds se sont aussi appuyés en priorité sur les municipalités pour gérer les projets à caractère local. En Afrique, ce processus a été enclenché il y a une dizaine d'années déjà avec l'appui des bailleurs de fonds et des ONG.

Ces dernières années, plusieurs Fonds sociaux ont tenté de confier davantage la réalisation des projets aux organisations communautaires, y compris la passation des marchés. Une analyse des projets mis en œuvre de cette manière a été récemment conduite dans les Fonds sociaux de Madagascar (FID), du Malawi (MASAF), du Pérou (FONCODES) et du Yémen (SFD). Cette étude (Da Silva, 2000) démontre l'efficacité de l'approche en termes de coût et la capacité de ces organisations de base à mobiliser plus de fonds de contre-valeur pour compléter les subventions octroyées par les Fonds. Bien que le montant des projets dont la gestion est confiée aux communautés de base ne dépasse guère 50.000 dollars, il est indispensable de prévoir des formations complémentaires dans les domaines de la gestion de projets, de la passation de marchés de petite taille, de la comptabilité et de la transparence des actions. Plus particulièrement, cette transparence est obtenue de la manière suivante:

■ information de la collectivité sur les montants reçus et les dépenses encourues;

■ appels d'offres sur invitation affichés sur un bâtiment public suivi de l' attribution des marchés en public;

■ mise en place d'un Comité de contrôle au sein de la collectivité.

Entre autres aspects, la communauté décide si le mode d'exécution du projet se fera à l'entreprise ou en régie (en faisant appel à des tâcherons locaux). Dans ce dernier cas, l'achat des matériaux et la location des véhicules requis pour le transport des matériaux de construction sont effectués par le Comité de pilotage du projet. Dans presque tous les cas, les communautés optent pour une réalisation en régie car ils espèrent ainsi réaliser des économies. Quant au Fonds social, il est nécessaire qu'il effectue un contrôle financier de la multitude de petits contrats passés par les communautés de base ce qui prend beaucoup de temps. Ils sont également obligés de mettre en place des mesures d'accompagnement, indispensables pour que ces projets soient réalisés selon les règles de l'art. On notera que ces mesures, plutôt axées sur la formation, constituent un investissement en capital social important pour l'avenir.

Ces dix dernières années, le BIT a été associé à de nombreux projets en Afrique dans lesquels la question de l'association des bénéficiaires directs à la définition, à la mise en place et à la gestion des travaux s'est posée avec de plus en plus d'acuité. Ainsi, sur la base d'expériences menées dans sept pays[35], aussi bien en milieu rural qu'urbain, le BIT a-t-il récemment publié en français une étude de base sur la gestion communautaire des contrats intitulé *Approches et pratiques en contrats communautaires: Leçons tirées d'expériences de terrain (De*

---

35 Il s'agit de projets menés en Afrique du Sud, Madagascar, Mali, Ouganda, Sénégal, Tanzanie et Togo.

Bie, 2002)[36]. Il s'agit d'un relevé des approches contractuelles
impliquant les structures bénéficiaires dans le cadre de projets ou de
programmes de travaux en milieu urbain et rural. Il serait donc très
intéressant que la Banque mondiale et le BIT échangent les expériences
respectivement acquises dans ce domaine.

---

36 Cette étude s'appuie en l'élargissant sur un autre document publié en anglais intitulé : Contrats
communautaires dans les travaux d'infrastructure urbaine (Tournée, Van Esch, 2001).

CHAPITRE 7
Conclusions

VII.1   Appréciation d'ensemble

On compte maintenant plus de cent Fonds sociaux et AGETIP en activité dans le monde. En l'an 2001, environ 9 milliards de dollars avaient déjà été investis par ces institutions. De l'Amérique latine (1986) et de l'Afrique (début des années 90), les Fonds sociaux ont gagné l'Europe Centrale et de l'Est et les pays de l'ex-Union Soviétique (1995) et, plus récemment, le Moyen-Orient et l'Asie. Pour leur part, les AGETIP sont cantonnées à l'Afrique. Les Fonds sociaux et les AGETIP sont devenus des instruments puissants pour doter les pays en crise ou en transition économique d'infrastructures sociales et économiques et de services sociaux. Leur objectif principal est d'améliorer les conditions de vie de la population tant en milieu rural qu'en milieu urbain, particulièrement la situation des plus vulnérables. Les constats qui suivent ne constituent, bien évidemment, qu'une évaluation globale des Fonds sociaux et des AGETIP et doivent être affinés en fonction du contexte spécifique de chaque institution.

■ **Points forts**
  o Le financement rapide et la mise en place efficace et rigoureuse d'un grand nombre de projets de petite taille et de nature très variée tels que les infrastructures de base, l'accès aux services sociaux, les activités génératrices de revenus ou les opérations de micro-financement. Il s'agit là d'éléments majeurs, hautement pertinents pour lutter contre la pauvreté;
  o L'évaluation et l'approbation de projets émanant de la base. Pour

cela, les associations de base sont dotées de moyens financiers et sont formées pour faciliter leur auto-développement;

o La transparence de leurs procédures, de la sélection des projets aux procédures de passation de marchés, ce qui leur donne une grande crédibilité auprès des bénéficiaires et des bailleurs de fonds;

o Les efforts réalisés pour faire collaborer un grand nombre d'acteurs issus de l'administration, de la société civile et du secteur privé;

o L'appui à la création ou au renforcement d'une industrie nationale / locale de la construction apte à créer des emplois;

o Les femmes restent encore trop souvent l'objet de sévères discriminations. Dans la plupart des pays ou les Fonds interviennent elles ont du mal à faire valoir leurs préférences et ne profitent pas assez des bénéfices du développement. Il convient donc de mettre en évidence le mérite des Fonds dont les projets depuis quelques années bénéficient davantage aux femmes. On se souviendra des conclusions mitigées de l'étude du BIT réalisée en 1996-1997 pour évaluer les effets spécifiques des Fonds sociaux sur les femmes. Malgré l'énormité des tâches à accomplir, la tendance positive des Fonds dans ce domaine doit être soulignée;

o L'évolution de leurs modalités d'intervention qui leur permet de s'adapter aux changements liés à la décentralisation et à des conditions particulières telles qu'une réponse rapide aux catastrophes naturelles et aux conséquences des conflits;

o Leur capacité à mobiliser des ressources financières additionnelles, en plus des prêts consentis par la Banque mondiale et par d'autres institutions financières. Cette aptitude s'explique largement par leur faible coût de fonctionnement en comparaison avec des opérations similaires.

■ **Points faibles**

o Les projets qui favorisent la création d'emplois durables tels que les infrastructures productives, les projets de micro-crédit et les activités génératrices de revenus ne représentent encore qu'une part trop limitée des Fonds;

o Le renforcement de la capacité des ONG et des institutions financières mutualistes, encore appelées partenaires-relais, n'a occupé qu'une place modeste dans les actions des FS bien que des progrès aient été constaté ces dernières années;

o Le ciblage et la mesure des groupes-clé, malgré les progrès réalisés, est encore perfectible. A noter, cependant, qu'il s'agit d'un domaine très complexe et que, par rapport à d'autres programmes de développement social, les Fonds sociaux supportent plutôt bien la comparaison;

o La création d'emplois, temporaires ou durables, ne fait plus l'objet des mêmes priorités que par le passé. Ce constat est préoccupant dans la mesure où les revenus ainsi générés facilitent une meilleure prise en charge financière des réalisations. De plus, les données chiffrées sont insuffisantes pour bien calculer l'impact des projets dans ce domaine.

■ Points contraignants

o La dimension des Fonds sociaux, pris indépendamment d'autres programmes de même nature, ne leur permet malheureusement pas, sauf exception, d'avoir un impact suffisant sur la pauvreté qui frappe les pays où ces institutions ont été mises en place, même si en tant que modèle ils ont une valeur exemplaire;

o La pérennité des infrastructures et des services créés implique que les administrations publiques et/ou décentralisées participent aux coûts de l'entretien et du fonctionnement ultérieur d'une manière concertée. Les Fonds sociaux n'ayant pas vocation à suppléer aux déficiences éventuelles de ces administrations, tâche qui incombe aux projets sectoriels, ne peuvent garantir pleinement la bonne vie des réalisations auxquelles ils contribuent.

■ Points originaux

o Le modèle de développement utilisé repose sur la soumission de requêtes de projets par la base. Il s'agit d'une approche de plus en plus courante dans les organismes de développement, en rupture avec le modèle classique de planification centralisée. Sur ce point, l'originalité des Fonds vient de ce qu'ils utilisent cette approche à grande échelle, contrairement aux organismes déjà cités ;

○ Le cadre institutionnel mis en place est inédit. Il se singularise par: a) une grande autonomie de gestion compensée par des audits financiers et techniques indépendants et fréquents; b) un recrutement de cadres de haut niveau, rémunérés selon les barèmes en vigueur dans le privé; c) des organes de direction dans lesquels l'Etat, la société civile et le secteur privé sont représentés; et d) des Manuels de procédures détaillés qui permettent une meilleure efficacité du personnel.

VII.2 Apports du BIT

Cette étude a aussi mis en évidence que l'efficacité des Fonds sociaux et des AGETIP pourrait être améliorée par une collaboration plus soutenue avec le BIT dont l'avantage comparatif dans quelques domaines n'est guère contestable. Cette collaboration permettrait de remédier plus facilement aux faiblesses qui ont été identifiées, particulièrement sur les points suivants:

■ Système de planification intégré de l'accès en milieu rural (PIAR)

Il s'agit d'une méthodologie développée ces dernières années, à laquelle le BIT a notablement contribué. Ce type d'approche permet de déterminer les besoins, les priorités, les investissements et l'identification des interventions destinées à faciliter l'accès des populations aux services sociaux et aux infrastructures de base. Or, on a pu constater que dans les Fonds sociaux, une hiérarchisation des besoins les plus pressants à satisfaire au niveau de la petite région serait utile pour déterminer les priorités et permettre une meilleure cohérence dans le choix des projets. Le BIT vient de publier un Guide sur la *Planification de l'accès en milieu rural (Malawi)* qui est d'application générale.

■ Recours plus systématique aux technologies HIMO

Que ce soit au niveau des AGETIP ou des Fonds sociaux, la création d'emploi est un objectif traditionnel. En pratique, plusieurs facteurs limitent les résultats de ces institutions dans ce domaine. Le ré-équilibrage du portefeuille de projets des Fonds s'effectue en général progressivement au profit d'activités plus productives et créatrices d'emplois et plus génératrices de revenus. Mais la réalisation de ces activités plus porteuses d'emplois, à la fois à court terme et à plus long terme, suppose, autant que possible, que la sous-traitance des travaux soit confiée directement aux associations de base ou aux PME et que l'on favorise l'utilisation des ressources locales et des technologies HIMO. Sur ces sujets, le BIT pourrait certainement apporter plus, vu son expérience dans les programmes d'investissement à haute intensité d'emploi;

■ Formation des PME et des bureaux d'études

Les Fonds sociaux, et surtout les AGETIP, font de gros efforts pour étoffer les compétences des PME et des bureaux d'études locaux. Malgré tout, ces efforts pourraient encore gagner en efficacité s'ils étaient organisés plus systématiquement, en utilisant les compétences du BIT. Ce dernier vient de développer, de concert avec AFRICATIP, un *Cours de formation HIMO à l'usage des PME, des bureaux d'études et des ingénieurs de l'Etat*. Ce cours exhaustif est disponible sur CD-Rom. Les manuels qui traitent respectivement des appels d'offres et des soumissions et de la gestion des entreprises comportent des modules sur les conditions de travail dans les travaux HIMO, les questions de rémunération ainsi que la santé et la sécurité sur les lieux de travail.

■ Structuration du secteur bâtiment et travaux publics (BTP)

Etant donné la place et le rôle dynamisant des Fonds sociaux et des AGETIP dans le secteur du BTP, ces institutions pourraient participer plus activement à la structuration de ce secteur en encourageant la formation d'associations de petits entrepreneurs et de bureaux d'études, selon le modèle préconisé à Madagascar par le BIT. Ces associations pourraient alors participer pleinement au développement de la formation, à la mise en place de systèmes d'assurances et de cautions mutuelles et à l'élaboration de règles et normes uniformes dans le secteur BTP.

■ Développement des systèmes de micro-financement

Par l'impact qu'ils ont sur l'emploi durable et les activités génératrices de revenus, souvent au profit des femmes et des groupes marginalisés, les opérations de micro-financement devraient trouver une plus grande place dans les Fonds sociaux. Entre autres, ils pourraient aider au développement d'un tissu local de petites entreprises de construction souvent freinées parce qu'elles ne trouvent pas les cautions nécessaires à l'obtention de crédits bancaires. En plus des résultats acquis dans un ensemble d'opérations de ce type en Afrique et en Asie, le BIT dispose d'une capacité de formation en la matière. Elle est illustrée par la tenue périodique de cours qui ont lieu au Centre international de formation du BIT à Turin sur *La gestion efficace des institutions de micro-financement pour les petites et micro-entreprises.*

■ Décentralisation et gestion communautaire des contrats

On a vu que, selon la taille des projets, les modalités de leur mise en œuvre différaient. C'est ainsi que pour les projets de plus grande envergure, les AGETIP et les Fonds sociaux doivent faire intervenir à la fois les collectivités locales et les administrations décentralisées. Pour les projets de petite ou moyenne envergure, ils font de plus en plus appel maintenant aux associations de base et à des petites entreprises locales. Plus particulièrement, au plan de la gestion communautaire des contrats, le BIT et la Banque mondiale ont acquis ces dernières années une certaine expérience et ont développé des outils adaptés. C'est ainsi que le BIT vient de publier deux documents sur la question intitulés respectivement *Contrats communautaires dans les travaux d'infrastructure urbaine et Approches et pratiques en contrats communautaires : Leçons tirées d'expériences de terrain.* Une coopération plus soutenue des deux institutions dans cette sphère d'activité, en vue de conforter les approches contractuelles au sein des Fonds sociaux et des AGETIP, est donc souhaitable.

VII.3   Avenir des Fonds sociaux

Les Fonds sociaux et les AGETIP, bien que perfectibles, ont apporté la preuve de leur originalité et de leur efficacité. Leur nombre ne cesse d'augmenter et on en trouve maintenant au Moyen-Orient et en Asie. Instruments souples et rapides à mettre en place, ils sont capables de toucher des populations pauvres qui, autrement, resteraient à l'écart des circuits de développement. Pour cela, ils s'appuient de plus en plus sur les collectivités locales. Ils contribuent ainsi notablement à la mise en œuvre de la politique sociale des Etats. Dans ces conditions, on devrait leur assigner trois fonctions essentielles dans les années à venir, compte tenu des circonstances:

■ **Instruments durables de réduction de la pauvreté**

Cette mission générale de développement social durable a été ré-affirmée et précisée ces dernières années par la Banque mondiale (Jorgensen, Van Domelen, 1999). Ces auteurs insistent pour que le portefeuille de projets des Fonds sociaux donne plus de poids aux activités de réduction et de prévention des risques auxquels les populations les plus démunies sont confrontées, au renforcement de leurs capacités et à la participation accrue de ces groupes-cible. Cette recommandation est assez conforme aux conclusions de cette étude. Elle implique qu'une part prépondérante soit donnée aux projets productifs et sociaux ainsi qu'au renforcement de la capacité des communautés locales et de leurs membres. On doit considérer qu'il s'agit là d'activités dont le financement devrait se faire sur le budget régulier des Fonds sociaux. Egalement, compte tenu du caractère tenace de la pauvreté, on doit insister sur la nécessaire longévité des Fonds sociaux pour espérer des résultats tangibles. Dès lors, il est fortement souhaitable qu'ils conservent leur statut d'institutions autonomes mandatées par les gouvernements pour combattre avec souplesse et efficacité la pauvreté.

■ Allègement de la dette

Le développement des programmes d'allègement de la dette a donné lieu ces dernières années à la préparation de documents de stratégie de réduction de la pauvreté (DSRP). Ces programmes s'inscrivent dans le cadre de l'initiative en faveur des pays pauvres très endettés (PPTE) qui a été reprise en 1998 par la Banque mondiale, le FMI et les principaux pays créanciers. L'objectif est d'apurer l'endettement d'un certain nombre de pays en faisant en sorte qu'ils ne retombent pas dans cet engrenage. Il est de fait qu'en dehors des Fonds sociaux, peu d'institutions paraissent capables de réaliser ces propositions à grande échelle, compte tenu des contraintes imposées et des délais impartis. Dans un futur immédiat, on pourrait confier à ces institutions performantes, en plus de leurs activités habituelles, la gestion de tout ou partie des programmes d'allègement. Cette nouvelle mission aurait aussi l'avantage d'impliquer davantage les gouvernements dans le financement direct des Fonds.

■ Situations de crise

Il est nécessaire de mettre en place rapidement les programmes qui répondent le mieux aux situations de crise économique, aux conséquences des conflits ou aux catastrophes naturelles. Evidemment, on retombe là dans la vocation conjoncturelle qui caractérisait la première génération des Fonds sociaux. Cependant, dans le cas présent, les Fonds bénéficieraient de l'incomparable expérience acquise depuis plus de quinze ans. Instruments de développement social plus durable, ils restent bien placés, vu leur souplesse et leur rapidité à intervenir, pour répondre aux urgences. Cela impliquerait, toutefois, que des financements spéciaux et additionnels leurs soient affectés pour faire face à des responsabilités de cette nature.

BIBLIOGRAPHIE

Abedian I, 1993, *A Diligent Public Works Scheme Can Deliver the Goods*, Business Day, 19. Feb., South Africa.

Anker R., Bilsborrow R., DeGraff D., 1998, *Poverty Monitoring and Rapid Assessment Surveys*, BIT, 96 p.

Banque mondiale, 1996, *Republic of Yemen, Poverty Assessment, Middle East Human Resources Division, Middle East and North Africa Region*.

Banque mondiale, 1997, *Portfolio Improvement Program: Review of the Social Funds Portfolio, World Bank Working Group for the Social Funds Portfolio*, 56 p

Banque mondiale, 1997 (avril), *Rapport d'audit sur les AGETIP, rapport FY 98-54*.

Banque mondiale, 1999, *Rapport de fin d'exécution SECALINE*, Madagascar, Crédit 2474. MAG.

Bentall P., Beusch A., de Veen J., 2000, *Programmmes d'infrastructures à haute intensité de main d'œuvre (HIMO): Renforcement des capacités pour la passation des contrats dans le secteur de la construction*, BIT, 228p.

Berar-Awad A. 1997, *Social Funds Revisited: An Overview with a Particular Focus on Employment and Gender Dimensions*, Action Programme on Economic Reform and Structural Change: Promoting Women's Employment and Participation in Social Funds, 43 p., BIT, Genève.

Bigio A., 1998, *Social Funds and Reaching the Poor: Experience and Future Directions*, Economic Development Institute of the World Bank, EDI Learning Resource Series, The World Bank, Washington D.C.

BIT, 1987, *Réunion de Haut niveau sur l'emploi et les adaptations structurelles*, 23-25 novembre, WEP 2-46-04-03, Genève.

BIT, 1998, *Social Funds: Employment and Gender Dimensions,* Report on the technical Brainstorming Workshop, Geneva, 29 sept. au 1er oct. 1997.

BIT, 1998, *Créer de l'emploi pour réduire la pauvreté: le rôle des approches à haute intensité de main d'œuvre dans les programmes d'investissement*, GB.273/ESP/471, Genève.

BIT, 2000, *Rapport sur le Travail dans le Monde*.

BIT, 2000, *Guide sur la Planification intégrée de l'accès en milieu rural au Malawi*, Programme ASIST, Genève.

BIT, 2001, *Cours de Formation HIMO à l'usage des PME*, *des Bureaux d'études et des Ingénieurs de l'Etat*, CD Rom (2), Genève.

Bynens E., Olivier F., 1998, *L'approche HIMO et les investissements routiers: Perspectives pour la création d'emploi et l'économie de devises à Madagascar*, BIT, Socio-Economic Technical Papers, No. 3.

Bynens E., Olivier F., 2001, *Rapport de la mission de formulation d'un programme de formation HIMO à Madagascar*, BIT, 77 p.

Chen, Ravallion, 2000, *World Development Indicators 2000*, Banque mondiale.

Contreras M. , 1997, *Social Funds: Employment and Gender Dimensions*, BIT, Case Study, No. 1 en espagnol, Programme d'action, 52 p.

Cornia G., Jolly R., Stewart F., 1987, *Ajustement à visage humain: Protéger les groupes vulnérables et favoriser la croissance*, Paris, Economica, 372p.

Costa E., Mouly J., 1974, *Employment Policies in Developing Countries*, published on behalf of the ILO by George Allen and Unwin, London, 251 p.

Da Silva S., 2000, *Community-based Contracting: A Review of Stakeholder Experience*, Banque mondiale.

Deelen L., Osei Bonsu. K., 2002, *Equipment Finance for Small Contractors in Public Work Programmes*, ILO Social Finance Programme, Working Paper No. 28.

Del Cid, 1997, *Social Funds: Employment and Gender Dimensions*, BIT, Case Study No. 3 en espagnol, Programme d'action, 84 p.

D'Hont Y., van Imschoot M., 1998, *Projet de routes rurales et d'équipement des PME du BTP en appui au développement des régions du Vakinankaratra et de l'Amoron'I Mania, Madagascar*, Rapport principal, BIT, 75 P.

Ebbe K., Narayan D., 1997, *Design of Social Funds: Participation, Demand Orientation, and Local Organizational Capacity*, Banque mondiale, Discussion Paper No. 375.

ECLAC, 1998, *Social Panoramas of Latin America*, Nations Unies, Santiago, Chili.

Egger Ph., Garnier Ph. et Gaude J., 1992, *Ajustement structurel et compensation sociale: Etudes de cas au Honduras, Madagascar et Sénégal*, BIT, Occasional Paper No. 11, Interdepartmental Project on Structural Adjustment, 30 p., BIT, Genève.

Garnier Ph., Majeres J., 1992, *Lutter contre la pauvreté par la promotion de l'emploi et des droits économiques et sociaux au niveau local*, Revue internationale du Travail, vol. 131, No. 1, p. 69 à 82.

Garnier Ph., van Imschoot M., 1992, *L'administration des contrats de travaux à haute intensité de main d'œuvre: Guide pratique,* Genève, BIT, 150 p.

Ghai D. et Vivian J.M., 1992, *Grassroots environment action: People's participation in sustainable development,* Directeurs de publication, Londres, Routledge.

Goovaerts P., 2001, *Employment and Social Investment Funds in Eastern Europe and Central Asia,* BIT, Socio-economic Technical Papers, 75 p.

Guérin L., 1994, *Cambodia / UNDP Employment generation programme,* Rapport d'évaluation, partie II.

Jacobi P., 1991, *Desentralizacion municipal y participacion ciudadana,* in Estudios Sociales Centroamericanos (San José), no. 55, Jan-Avril, pp. 45-60.

Jrgensen S.L., Van Doemelen J., 1999, *Helping the poor manage risk better: The role of Social funds,* Banque mondiale, Conference on social protection and poverty, Inter-american development Bank, 22 p.

Keir-El Din H., 1997, *Social Funds: Employment Gender Dimensions,* BIT, Case Study No. 2, Programme d'action, 50 p.

Lennartson M., Stiedl D., 1995, *Technology choice, Man or Machine,* Case studies from Lesotho and Zimbabwe, BIT.

Makonnen R., Marc A., Skillings R.F., *The Design of Social Action Programs under Structural Adjustment,* World Bank Report No. 9344-AFR, 76 p.

Marc A. et al., 1993, *Social Action Programs and Social Funds: A Review of Design and Implementation in Sub-Saharan Africa,* World Bank Discussion Papers, Africa Technical Department Series, No. 274.

Moncado Vigo G., 1997, *Rapport à la Banque inter-américaine de développement.*

Newsletter, 2000, *Social Fund for Development,* Yemen, No. 11, juillet.

Olivier F., 1999, *Cahier des charges-type, Série méthodologie et pratique de HIMO Routes,* Volume III, BIT, Madagascar.

Owen D., Van Doemelen J., 1998, *Getting an Earfull: A review of Beneficiary Assessments of Social Funds,* SP Discussion Paper, No. 9816, 38 p.

Parker A., Serrano R., 1999, *Social Funds, Decentralization and Local Governance,* Banque mondiale, PRMUP, 68 p.

Perez de Castillo, 1998, *Economic Analysis of Social Investment Projects,* Banque mondiale, LCSHD, 20 p.

PNUD, 2000, *Rapport sur le développement humain.*

Rawlings L., Sherburne-Benz L., Van Doemelen J., 2000, *Evaluating Social Fund Performance Across Countries, Preliminary conclusions based on oral presentation,* Conference on Social Funds, Banque mondiale, Washington, 5-7 June 2000.

Razafindrakoto, M., 1999, MADHIMO: *Un modèle de simulation de l'impact macro-économique de l'approche HIMO à Madagascar*, BIT, Genève.

République du Yémen, 1999, *Rapport annuel 1999*, Fonds social pour le développement.

Siri G., 1998, *Participacion ciudadana y fortalecimiento de la sociedad Civil: Aportes para un marco de referencia*, Banque inter-américaine de développement, Washington D.C.

Siri G., 2000, *Employment and Social Investment Funds in Latin America*, BIT, Socio-economic Technical Papers, No. 7, 27 p.

Siri G., 2001, *Targeting Assistance Towards Those Most Affected by Disasters: The Role of Social Investment Funds,* Conference on Innovations in Managing Catastrophic Risks: *How can they help the poor?*, Banque mondiale, 29 p.

Stewart F. et van der Geest W., 1994, *Adjustment and Social Funds: Political Panacea or Effective Poverty Reduction?*, BIT, Employment Papers No.2, 39p.

Subbarao K., 1997, *Public Works as an Anti-Poverty Programme: An overview of Cross-Country Experience*, Amer. J. Agr. Econ.

Tajgman D., de Veen J., 2000, *Programmes d' infrastructures à haute intensité de main d'œuvre (HIMO) : Politiques et pratiques du travail*, BIT, 240p.

Tendler J. et Serrano R., 1999, *The Rise of Social Funds:What Are They a   Model of?*, World Bank.

Thorndahl K., 2002, *Travaux de reconstruction à haute intensité d'emploi dans les pays qui sortent de conflits armés: Principes directeurs*, Genève, BIT, 118p.

Tournée, J., Van Esch, W., 2002, *Approches et pratiques en contrats communautaires: Leçons tirées d'expériences de terrain*, Version française adaptée et élargie par J. L. de Bie, BIT, sept. No. 13.

UPADE; 1989, *Modelo para medir el impacto macro-econmico de los proyectos del Fondo social de emergencia*, Unidad de Analisis de Polîtica Economia, La Paz, Bolivia, mimeo.

Van Imschoot M., 2000, *Study on Employment and Social Investment Funds Experience in Francophone Africa*, BIT, rapport interne, 40 p.

Watt P., 2000, *Social Investment and Economic Growth: A strategy to Eradicate Poverty*, An Oxfam Publication, 160 p.

Wurgraft J., 1995, *Social Investment Funds and Programs in Latin America: Their Effects on Employment and Income,* in Employment for Poverty Reduction and Food Security, Edited by Joachim von Braum, IFPRI, Washington, D. C.

www.ingramcontent.com/pod-product-compliance
Lightning Source LLC
Chambersburg PA
CBHW072158270326
41930CB00011B/2478